非営利・協同と民主的医療機関

角瀬保雄

同時代社

はじめに

　私は会計学、経営学を専門としてきましたが、そのかたわら労働組合運動と、中小企業や協同組合の問題に取り組んできました。最近では規制緩和論批判とならんで非営利・協同論や「民主経営論」に取り組んできました。こうしたなかで働くものの民主的医療機関としての民医連（全日本民主医療機関連合会）の運動に注目するようになりました。その結果、民医連運動こそは日本が世界に誇りうる、医療・福祉の分野における非営利・協同の運動と考えるに至っています。

　医療・福祉の分野における非営利・協同の運動は、これから21世紀に向かって、大資本中心の市場原理万能論、利潤追求第一主義に反対し、働く人びとの生命と人権を守る医療専門家と住民の共同の運動といえます。民医連運動は医療経営という独自の立場から、社会保障推進協議会など地域の労働者や勤労市民のさまざまな運動と手を携え、その社会的使命を果たしていくものといえます。

　本書は働くものの民主的医療機関として民主的集団医療を実践してきた民医連運動の今日の到達点と課題を、広く民医連内外の人びとに理解してもらうためにまとめたものです。

　前半は、私がこれまで全国各地の民医連の皆さんを前に行ってきた講演のなかから、比較的最近のものの二つを一本にまとめたものです。話し言葉で看護婦さんにも分かってもらえるような内容にと心がけました。

　後半は、私がこれまでに到達したところを、学術論文の形でまとめてみたものです。民医連の内外で議論の対象となっているほとんどすべて

の問題を取り上げたつもりです。中堅幹部層の人びとの学習に役立つことができればと思います。

この間、非営利・協同ということをめぐっては、民医連の内外でさまざまな議論が繰り広げられてきました。私は問題の解明と運動の前進のために積極的にこれとかかわってきました。そうした内容も本書には含まれています。意見の違いも、理論と運動の発展という観点からみるならば、一時的なもので、やがては一致しうるというのが私の信念です。

こうした意味で、本書の内容に対しても読者の皆さんからの率直な疑問や忌憚のない意見が寄せられることを願っております。

これまで民主的医療経営に関する多くの書物を公刊してきた同時代社から本書を出版することができたのは、この間、私が体をこわし入院するという出来事があっただけに、感慨深いものがあり、同社編集部の努力に感謝するものです。

2000年7月

角瀬保雄

非営利・協同と民主的医療機関／もくじ

は じ め に

第1部　非営利・協同と民主的医療経営　　11

(1) 非営利・協同とはなにか……………………………………13
非営利・協同は「未発の契機」／13

非営利だと剰余は不要？／15

非営利・協同への期待／16

営利か非営利か／17

(2) 思想史のなかでどう位置づけるか ……………………19
イギリス労働運動の産物／19

マルクスの見解／20

三つのセクター／21

(3) ＮＰＯと協同組合 ……………………………………………25
アメリカとヨーロッパで／25

ＮＰＯの条件／26

ＮＰＯの問題性／27

非営利・協同の法制／29

(4) 非営利・協同の社会的な力 …………………………………30
世界的視野の中で／30

国連の動き／36

日本の現状／37

医療・福祉における非営利・協同／39

　　協同組合の潜在的な力／41

(5) **非営利・協同組織における民主的運営** ……………………………43

　　非営利・協同組織にとって重要な点／43

　　民医連と民主経営／44

　　株式会社と協同組合／47

　　モンドラゴンの変容と発展／48

　　新たに提起される問題／49

　　管理の相互牽制／50

　　科学的管理と民主的運営／51

(6) **非営利・協同組織と「搾取」** ……………………………………53

　　搾取なき社会／53

　　労働組合と「搾取論」／54

　　搾取はあるのか、ないのか／55

　　「所有」の問題／56

　　人間の関係こそが問題／58

　　歴史的に見る／59

(7) **非営利・協同の展望** ………………………………………………62

第2部　わが国の医療・福祉と非営利・協同組織

(1) はじめに …………………………………………………………67
(2) 非営利・協同組織の概念…………………………………………69
(3) 医療・福祉の規制緩和と営利化 …………………………………72
(4) 医療・福祉の非営利・協同組織 …………………………………79
　非営利・協同組織の法制／79
　医療法人の現状／80
　医療生協／82
　厚生連病院など／84
　地域福祉とネットワーク化／85
　高齢者協同組合とＮＰＯ／86
　労働者協同組合とワーカーズ・コレクティブ／87

(5) 民医連運動の到達点とその特徴 …………………………………89
　民医連運動の新しい展開／89
　そのルーツ／90
　その到達点／92
　介護保険制度への対応／94
　非営利目的と民主的集団所有／95
　民主的管理運営の課題／97
　財務管理上の問題／100
　労働組合の問題／101

⑹ **有田光雄氏の民主経営論について** ……………………………103
　「階級的視点」について／105
　民主経営論と非営利・協同論／107
　有田氏の民主経営論／109
　民主経営における搾取論／112

⑺ **むすびにかえて** ……………………………………………115

　後　記 ……………………………………………………………123

第1部

非営利・協同と民主的医療経営

(1) 非営利・協同とはなにか

●非営利・協同は「未発の契機」

　ある医療法人の労働組合に呼ばれて講演をしたことがあります。そこで主催者の人が言いました。
「先生の書かれたものはいろいろ勉強させていただいています。先生はどちらかというと経営の立場に立っているんじゃないかというふうに見てきたんですが、とにかく話を聞いてみようということで機会をつくりました」
　私はべつに経営、労働、どちらの側ということではなく、非営利・協同の民主的な経営に関しては両方の側に立っているつもりでいます。
　しばしば「非営利・協同というのはよくわからない」と言われます。私はじつは「わからない」のではなく、あまりにも「わかりやすい」概念だから、難しく考え過ぎてわからなくなるのではないかと思っております。「非営利」と「協同」の一般的概念は明確です。
「非営利」とは「not-for-profit」ということであり、利潤追求を目的としないということです。今日の資本主義社会はすべてがカネカネの世の中です。カネ儲けの原理で動いているわけです。そういう中で、利潤追求を目的としないというのは極めて例外的な存在と見なされることが多いのです。

「協同（共同）」とは「co-operation」または「co-operative」ということであり、人々が一緒に力を合わせるという意味です。これもあたり前のことです。しかし、資本主義社会は他人を蹴落として生きていく社会であり、協同とは無縁のように思われるわけです。
　しかしながら、振り返ってみますと、私は、非営利や協同は人類の歴史とともに古くから存在してきたものであり普遍的なものではないかと思っています。資本主義のもとではこれが隅のほうに押しやられていますが、将来の社会においてこれが主流になり、社会全体の大きな流れになっていくだろうと私は確信しています。
　歴史学者の色川大吉氏の『明治精神史』（講談社学術文庫）という本があります。色川氏はその中で自由民権運動について論じています。これは「未発の契機である」と。この運動は明治維新直後は、草の根から、民間の中から澎湃（ほうはい）として生まれてきた運動だったのですが、権力によって結局は潰されていった。そして明治憲法が日本を支配することになりました。しかしながら、この運動は未来の社会のあり方を指し示すものであり、そういう意味で「未発の契機」という言葉を使っておられます。私も、非営利・協同というのはまさにそうした意義をもつものだろうと考えております。
　現在は資本主義の経済体制ですが、将来の社会主義社会というものを考えてみましょう。そこでの企業は利潤追求を目的としたものではありませんから、非営利の企業にならざるを得ないでしょう。また、その企業を経営していくのはそこで働いている人々の協同の力であって、かつてのソ連におけるような国家の官僚ではない。そうであるとすれば、今日の非営利・協同組織こそ現代の「未発の契機」ではないだろうか。この運動は、まだ実現していない未来像の一つを先取りしたものだと言え

ないだろうか。未来を形づくる一つの契機になり得るものではないか。非営利・協同とはそういったものに当たるのではないかと私は思っています。

● **非営利だと剰余は不要？**

これがよく誤解されるのは、非営利というと剰余はまったく要らないんだと思われがちなことです。そうではありません。「not-for-profit」なのであって「not-profit」ではありません。手段としての「profit」を確保することは必要なことでもありますし、重要なことです。剰余というものが生まれてくるのは、人間の社会が発展していく一つの大きな契機、あかしと見ることができます。古代の原始共産制社会では剰余を生み出すことができなかった。自分たちが生きていくのがやっとで、洪水などの自然災害になればみんな飢え死にしてしまった。ところが生産力が発展しますと、剰余が生まれ、それを蓄積して飢饉に備えることができるようになった。いろいろな道具を作って生活を豊かにすることも可能になっていくわけです。そういう意味から、剰余というものは大変重要なものだと考えています。剰余のない社会は発展のない社会だと思います。

歴史的には、働く人々が剰余を作り出しているのに、たとえば奴隷所有者とか封建領主とか資本家とかといったものが、自分は働かないで剰余を自分のものにしてしまうという社会関係が問題だったわけです。それをなくしていくことが搾取をなくすということになるわけですから、剰余がどのような社会関係のもとで生み出されるかということが一番のキーポイントになるはずなのです。未来の社会は「非営利」の社会です。それは搾取のない社会です。ということは、必要労働と剰余労働の区別

がなくなってしまうことになります。剰余労働の必要労働化ということです。

この問題は、あとで「民主経営」における「搾取」について考える際に、もう一度ふれることにしましょう。

● 非営利・協同への期待

今日、非営利・協同に対する期待が非常に高まっているわけですが、それにはいろいろな要因が指摘できるでしょう。

一つは「政府の失敗」ということです。北欧などの福祉国家も今日のグローバル化した競争激化のもとで大きな困難をかかえています。他方、アメリカ型の市場経済もバブル経済、カジノ経済ということで、さまざまなところで「市場の失敗」を露呈しておりますし、日本は今、最もひどい状態に置かれているかと思います。こうした中で非営利・協同への期待が高まってくるのです。

一方、かつて社会主義といわれた国々も、資本主義との対抗の中で破綻を示すということで、それではそれに代わる道は何かということが問題になってこざるをえないわけです。「社会主義」の崩壊による経済のグローバル化、多国籍企業の支配への対抗軸の模索が始まっているわけです。

経済のグローバル化は資本主義の危機をも招いています。多国籍企業を中心にした地球全体を覆うようなグローバリゼーション、このグローバル・キャピタリズムというものを放置しておいては、資本主義が破滅するというのです。「ヘッジファンドの帝王」といわれるジョージ・ソロスも、国際的な何らかの規制の機関をつくり、マネーをコントロールしていかなければならないところに来ている、と言っています。

こういう中で、社会的な矛盾が激しく現れているのが公共性をもった社会サービス、医療や福祉や教育の分野です。公的な供給が不十分であるということから、非営利・協同に対する特別な期待が寄せられているわけです。

● 営利か非営利か

ご存じのように、そうした非営利の分野に営利企業が参入してきています。アメリカではすでに株式会社、持ち株会社による医療や福祉の分野への進出、支配が広がってきております。日本もその後を進もうというわけです。そこで、こうした公共性を守る、基本的な人権を守るという観点から非営利・協同というものがますます強められていかなければならないと思います。

営利企業に委ねて、それが本当に守られるのかどうかということが問題です。実際、規制緩和が進められてきておりますから、今、非営利ということで守られているところも、やがて崩されていくことにならないとも限らないわけです。そのためには独占、大企業に対する民主的な規制や社会的な運動が欠かせません。また同時に、そうなった場合、十分対抗していけるだけの力を非営利・協同のセクターなり組織がつくりあげていかなければならない。これなしには、「営利だからだめだ」と言うだけでは話にならないと思うわけです。

こういうようなことで、営利か非営利か、株式会社か協同組合かということが重要になっているのです。本当に非営利・協同のセクターなり組織なりが力をつけないと、アメリカのように営利で席巻されてしまわないとも限らない。可能性としては十分ある。現実に介護の分野では、民間事業者ということで株式会社がどんどん進出をしてきている。利用

者が具体的にサービスを比べてみて、「営利」のほうがいいとなれば「営利」の「勝ち」になってしまうわけですから。そうならないためにはどうしたらいいか。非営利・協同といってもそんなに力が強いわけではないのが現実です。経済的には「営利」のほうが圧倒的に強いわけです。

　日本の経済は大変な高度成長を遂げてきましたが、今は大変などん底に陥っている。これは金融の世界ばかりではありません。日本経済の強みとされていた産業、たとえば自動車・電機などをはじめとして、あらゆるところで大変な苦境に陥っているわけです。これらの産業は20世紀型産業を代表するものでしたが、もはや21世紀のリーディング産業にはなり得ないということが明かになりました。

　では、21世紀をリードしていく産業は何かということが問題になる。情報通信産業がその一つであることは明らかですが、これと並んで挙げられているのが、福祉の分野でしょう。通産省の産業構造審議会などで、21世紀の産業構造においては福祉の分野がもう一つのリーディング産業になるだろうと見ているようです。資本が支配している主要な部分、鉄鋼とか自動車とか電気とかでは、現在、資本過剰です。資本が余っていて、使い道がない。では、どこに投下して儲けようかということを考えている。これから需要が高まってくる医療や福祉の分野が狙われている。ここで儲けようとしていることははっきりしているわけです。

　医療・福祉の関係者は対応を十分考えていく必要があろうかと思います。

(2) 思想史のなかで
どう位置づけるか

●イギリス労働運動の産物

　非営利・協同とはきわめてあたり前のことを強調しているわけですが、人類の歴史の中で思想史的に見た場合、どういう位置づけになるのでしょうか。

　まずこれは、イギリスの労働運動の産物と言えます。つまり、資本主義の歴史とともに生まれてきたと言っていい。イギリスで資本主義が生まれ、階級的な矛盾が激化してきます。その過程で、19世紀になると労働組合運動が発展してくる。また、労働者の政治的な権利を確立するための政党を作る運動も発展してきます。そして協同組合運動というものが生まれてきました。ロッチデールでパイオニアと呼ばれる人たちがこの運動を始めたわけです。ですから、非営利・協同は労働者階級の運動であったと言っていいかと思うわけです。

　こうしたなかで、社会主義の思想が生まれてきました。当時、この言葉は何を指していたかというと、協同組合運動そのものを指していたのです。これが当時の社会主義運動の具体的な姿だったわけです。その一つの流れがキリスト教社会主義で、イギリスでは協同組合運動と社会主

義の思想とキリスト教が深く結びついていました。南米にも「解放の神学」というクリスチャンの運動がありますが、カソリックの人たちの運動です。キリスト教に立脚してではありますが、革新的、革命的な思想も生まれてくる。イギリスの協同組合運動はそういうキリスト教社会主義の人びとによって担われてきたという歴史上の事実があります。

● マルクスの見解

そういう中で、科学的社会主義というものを打ち出したマルクスはいろいろなところでこうした運動についてふれているわけですが、『共産党宣言』（1848年）の結語ではこう述べています。
「階級と階級対立の上に立つ旧ブルジョワ社会に代わって、各人の自由な発展が万人の自由な発展の条件であるような一つの結合社会（共同社会）が現れる」と。

これは人々の共同社会としての未来社会についてのビジョンを示したものです。

他のところでも言っています。たとえば第一インターの運動の中でこう言っています。
「われわれは、協同組合運動が、階級敵対に基礎をおく現在の社会を改造する諸力のひとつであることを認める。この運動の大きな功績は、資本に対する労働の隷属にもとづく、窮乏を生みだす現在の専制的制度を、自由で平等な生産者の連合社会という、福祉をもたらす共和的制度とおきかえることが可能だということを、実地に証明する点にある」

こうして協同組合運動の意義と役割をはっきり評価しています。そして、マルクスとエンゲルスは協同組合の活動家でもありました。ただし、こうも言っています。

「しかし、協同組合運動が、個々の賃金奴隷の個人的な努力によってつくりだせる程度の零細な形態に限られるかぎり、それは資本主義社会を改造することはけっしてできないだろう。社会的生産を自由な協同組合労働の巨大な、調和ある一体系に転化するためには、全般的な社会的変化、社会の全般的条件の変化が必要である」

　つまり、協同組合運動は、社会の全般的な変化とともに手を携えて発展していくことが必要だということを強調しています。

●三つのセクター

　ところでマルクス以前の社会主義思想というのは、空想的社会主義と言っていいかと思いますが、その代表がロバート・オーエンです。いろいろな国に空想的社会主義者がいました。協同組合の力で理想の国をつくろうということを提唱していたわけです。しかし、資本主義が独占資本主義へと発展していく中でそれが夢であるということが明らかになりました。そういう中で、20世紀になりますと、今度は協同組合というものを社会経済の一つのセクターとしてとらえなおすというようになってきます。セクター論が発展してきました。

　このセクターについて、非常にわかりやすい、便利な図を書いているのがスウェーデンのペストフという人です。三角形の図が載っています。これを見てください。三角形の左辺から底辺にかけて線を引きます。この線の右がフォーマルな組織の部分で、左がインフォーマルな組織の部分です。つぎに底辺に平行して中央に線を引きます。この線の上の部分が公的なセクターとなります。下が私的なセクターです。さらに右辺から底辺にかけて線を引きます。営利セクターと非営利セクターが区分されます。こうして三本の線で囲まれた中央の三角が非営利・協同セクタ

図　福祉混合

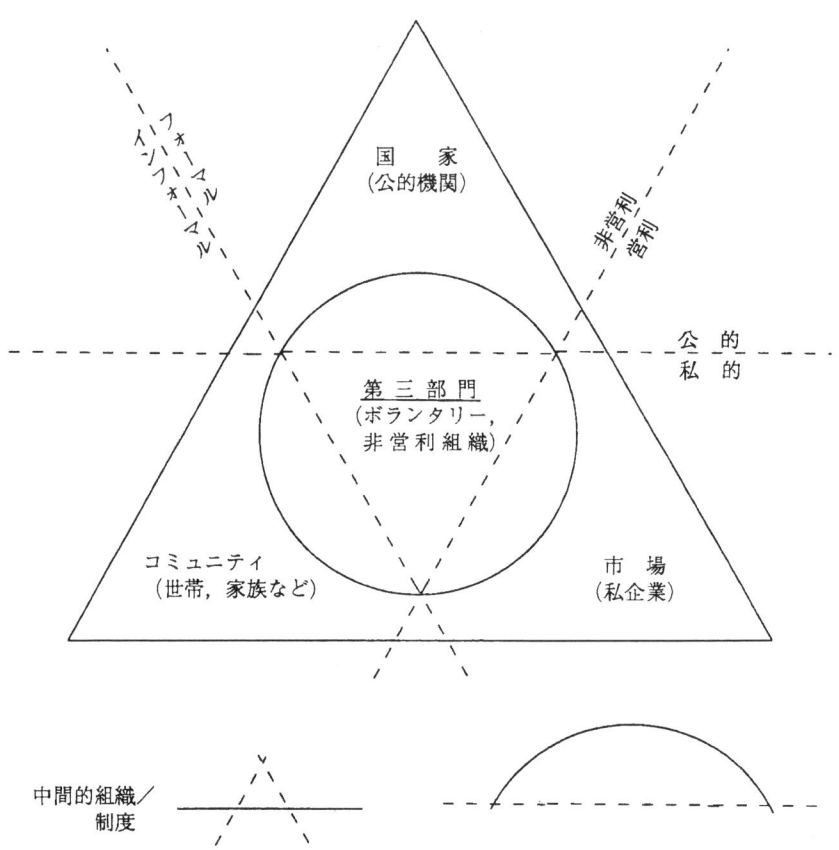

出所）ヴィクトールA・ペストフ「ソーシャル・サービスの第三部門」生協総研レポートNo.5『スウェーデンの福祉と消費者政策』1993年2月、9ページ

ーとなります。

　フォーマルで非営利の部分は公的なセクターで、政府等の組織がそれに属することは明らかです。それに対して私的なところで、営利の部分に属するのが市場経済、会社・企業の活動しているところです。そして左側の私的であって非営利でインフォーマルな部分が、家族とか地域社会となろうかと思います。真ん中の三角形、これが第1セクターの国家と公的な機関、あるいは第2セクターといわれる市場経済、私的な営利企業と区別される第3セクター、非営利・協同セクターの部分になるというのが、ペストフの考え方です。もちろん、この図は視覚的に三つのセクターを理解しやすいように表したものですから、それぞれのウェイトの大小とか、役割の違いを示すものではありません。

　日本語に翻訳されたペストフの本のタイトルは『市場と政治の間で』。つまり公的な第1セクター、市場での営利セクター、第2セクターと並んで非営利・協同の第3セクターが位置づけられるといっていたわけです。彼の別の本には『市場と国家を越えて』という名前がついています。果たして第3セクターは二つのセクターを越えることができるかどうかというのが、大きな問題になってくるわけです。ペストフに会ったとき、彼はできると言っていましたが、私は越えることはできないと思います。というのは、三角形の図が示しているように、国家や市場から完全に切りはなされたものではないからです。非営利組織が活動するためには、国家からの補助金等が必要になってきます。また市場で民間の事業者と競争しなければならないという場面も出てきます。そのなかで第3セクターとしての独自性を発揮していくということが期待されているわけです。そのためには、政治や市場経済の民主化が必要となります。

　日本でも第三セクターという言葉が使われておりますが、これは誤っ

て日本に導入されてきたものです。地方自治体と民間企業のジョイントベンチャーによって、地方の過疎線などの鉄道を運営する場合などを第三セクターと呼んでいますが、これは国際的には通用しない誤った言葉の使い方だと言っていいでしょう。

(3) NPOと協同組合

●アメリカとヨーロッパで

　こうしたなかで、日本では2年ほど前にNPOというものが問題になり、特定非営利活動促進法という法律がつくられました。NPOとはノン・プロフィット・オーガニゼーション（nonprofit organization）ということであり、文字通り非営利組織そのものです。しかし、多分にアメリカ的なバイアスのかかったものです。

　つまり、アメリカでは協同組合は営利組織としてNPOと区別されています。なぜかと言いますと、協同組合は出資金に対する剰余の分配があります。一定の制限はありますが、認められている。ところがNPOの概念は、剰余の配分を認めないという考え方に立脚しています。ここが違うということで、協同組合は第四セクターに位置づける必要があるというのが最近のアメリカの考え方です。

　一方、ヨーロッパでは、現在、EUが「社会的経済」ということを促進しようとしております。「社会的経済」というのはもともとフランスで生まれた考え方でエコノミー・ソシアル「Économie Sociale」、英語にすると「Social economy」となりますが、「協同組合」プラス「共済組合」プラス「アソシエイション」といった内容になります。アソシエイションというのはアメリカ型のNPOと言っていいわけですが、こう

したものを包括的に含んだ概念であります。フランス的、ヨーロッパ的バイアスのかかった言葉となります。ですから、これを日本語に「社会的経済」と訳した場合、なかなか理解されにくいということで、非営利・協同という言葉が使われるようになってきております。

●ＮＰＯの条件

　非営利組織＝ＮＰＯと一般にいわれていますが、これは極めてアメリカ的な概念だといっていいかと思います。アメリカではまず国が成立する前に非営利組織がつくられたという歴史があります。そもそもあの国はヨーロッパからの移民から始まった国です。政府も何もないところで、まず上陸した地域において人々がコミュニティの組織をつくるということから始まりました。政府組織はその後からつくられていくという歴史をたどってきている。こうした歴史によって形づくられたさまざまの民間組織が古くから発達してきているのです。そして今日、こうした非営利組織が世界でも最も大きな力をもっているといわれています。

　アメリカのＮＰＯの条件として挙げられているものに、「ミッション」があります。つまり社会的使命をもった団体・組織ということです。これはまことに多種多様なものがあって、一口にくくれない内容になっています。アメリカでは都市の荒廃がいろいろなところで進みました。そうした都市を再開発するための先導役になっているのがＮＰＯです。そういう経済的役割を果たしているものもあります。それからアドボカシーといって、社会的な公論をつくりだすという、運動体的な活動をしているものもあります。また、大企業が本当に社会に貢献するような活動をしているかどうか、企業が倫理的な行動をしているかどうかをチェックするというＮＰＯもあります。極めて大規模なものから小さなものま

で数多く存在しています。

　もう一つの大きな特徴となるタイプは、市場型ＮＰＯあるいは事業型ＮＰＯといっていいかと思います。このタイプは、慈善団体のようにどこかから寄付をもらって活動するのではなく、自ら事業活動を行い、その財政的な基盤の上に立って運営していこうというもので、事業型・市場型ＮＰＯというものです。これはアメリカの病院や保険会社にみられるように、事業活動が行きすぎるとＮＰＯといっても会社と変わりないものになりかねないわけです。そうなると非営利から営利へ転換し、課税の対象になってくるわけです。

　アメリカでは内国歳入法の上で定められた条件をクリアした場合、初めて非営利組織と認められ、税制上の優遇措置を受けられるという仕組みになっています。その場合、事業活動から生み出された剰余については非分配、分配してはならないという枠がはめられます。社会的な使命を果たすために、それが使われなくてはならないということです。

　ですから非営利というのは、前にも述べたように、ノン・プロフィット、つまり剰余を生み出さないものでは決してありません。剰余を目的にしないという意味で、ノット・フォア・プロフィットというのが正確な捉え方といっていいかと思います。

● ＮＰＯの問題性

　こうしたＮＰＯに対して、協同組合というものが古くからあります。協同組合というのは組合員の共同の利益を追求するというものですから、組合員の出資に対して一定の経済的な見返りを提供する、利益の分配を行うということも必要になります。そういう意味で、アメリカでは協同組合というのは営利企業であるとされています。会社とは違って、一定

の制限があり、会社のように利益だけ追求すればいいというものではないわけです。しかし、その剰余の一部を分配するということからすると、営利企業と同質性をもっているとみなされます。それに対してＮＰＯの場合には、全くそういうことはあり得ないわけです。個人に対する剰余の分配は認められていないので、そういう意味では違いが存在しているといっていいかと思います。

　しかし、そうしたＮＰＯについても全く問題がないかというと、そうではないと思います。事業型のＮＰＯの場合には、サービスを提供する際の料金というものを得るわけですが、それの差別化が行われたり、あるいはそこの経営者に対して高額の報酬を支払うというような「暗黙の回路」をつうじて、事実上利潤の分配が行われるということも、可能性としては考えられます。アメリカのＮＰＯの場合には、社会的に資金を集めて、その運用を経営の知識をもった専門家に委ねるケースとともに、ボランティアを組織して活動を行うという形になっています。もちろんそれをチェックする理事会組織があり、これがチェックしているわけです。しかし、理事会が無機能化するような場合になると問題が起きる。専務理事などの好きなように運営されてしまうという可能性もないわけではありません。

　日本でも社会福祉法人などで、理事長が高額の給料をとって、奥さんが副理事長に座るというようなケース。そしてそこで働いている人々に対しては、低い賃金でこき使うというものがないわけではない。実態としては結構多いのだということを聞きました。ある民間の福祉施設の園長さんとお話をする機会がありましたが、そのようなことをいっていました。これは単なる私の想像ではない事実です。

● 非営利・協同の法制

　ところで日本の現在の法制の上で、非営利・協同の組織はどのように位置づけられているのでしょうか。まず基本になる法律が民法です。民法では営利法人と公益法人という大きな2分類がなされています。公益法人には財団・社団があります。非営利法人というとらえ方はありません。公益法人ということです。公益法人といわれるものの実態は、日本は縦割りの社会ですから、各政府・官庁の傘下にみんな位置づけられています。高級官僚の天下り組織になっているのが公益法人の実態だというふうにも見られていて、そういうところが非常に多いわけです。それ以外のものについては営利法人と公益法人の中間法人という位置づけで、特別の個別法で位置づけが与えられて、生協法人・医療法人・社会福祉法人・学校法人等があります。

　こうなると、そういう特別法で定められたものに該当しないものはどこにも入ることができない、法的な受け皿がないということになります。そこで日本版ＮＰＯ法、特定非営利活動促進法というものがつくられましたが、これは今後克服していかなければならない問題をたくさん抱えているものです。1998年の12月1日に施行されたわけですが、実際に法人格を取得したいと名乗り出る組織が非常に少ない。これをつくりたいという下からの、民間の活動をしている人々の運動の結果つくられたものですけれども、本当に役に立つ受け皿として活用できるかというと、制約が多すぎるということで、思ったほど法人格をとるところが出ていないというのが、今の問題点となっています。

(4) 非営利・協同の社会的な力

●世界的視野の中で

　現代の社会において非営利・協同組織というものが、どのくらいの社会的な地位・力をもっているかということを見てみましょう。19世紀末につくられた国際協同組合同盟（ＩＣＡ）は、協同組合の国際組織で国連におけるＮＧＯの最大の組織の一つといわれています。ＩＣＡに加盟している団体の構成員がどのくらいあるのか。参考までに資料を見て下さい。（表１）

　１番大きいのはアジアです。アジアというと、最大の人口を誇っている中国とインドがあります。「アジア／パシフィック」を見ると、中国が１億6,000万、インドが１億8,000万、そして日本が３番目で4,200万です。中国は文化大革命などの混乱がありましたけれども、ようやく落ち着いて政府も協同組合というものにしっかり取り組んでいこうというように、最近ではなっているようです。インドの場合には昔イギリスの植民地であったわけで、その当時からイギリスで発達してきた協同組合が、そのまま上から移植されたということで、それなりの歴史と規模を誇っています。問題はインドのような発展途上国の場合には、各州の知事が協同組合の理事長になるというような、上から組織された官治的な組織という性格が抜けきっていないわけです。日本も戦前、明治以来の

表1
国際協同組合同盟(ICA)統計資料(1996)

ICA構成員・構成組織統計

	Number of Countries	Organisations	Societies	Individual Members
Americas	18	61	43,945	182,486,437
Africa	12	19	27,214	9,561,443
Europe	35	88	197,293	118,473,862
Asia	28	64	480,648	414,383,079
International	not applicable	4	not applicable	not applicable
Total	93	236	749,100	724,904,821

ICA構成員・構成組織統計(地域別・国別)

アフリカ

Org	Country	Societies	Members
北アフリカ			
6	Egypt	6,992	4,275,000
1	Morocco	9,635	675,589
7	Total	16,627	4,950,589
南アフリカ			
1	Botswana	120	46,668
1	Mauritius	n/a	n/a
1	Zambia	2,174	567,342
3	Total	2,294	614,010
西アフリカ			

アメリカ

Org	Country	Societies	Members
カリブ海諸国			
1	Curaçao	26	15,200
1	Dominican Rep.	1	40,500
4	Puerto Rico	502	1,685,245
6	Total	529	1,740,945
中央アメリカ			
5	Costa Rica	567	259,890
2	El Salvador	98	48,618
4	Honduras	92	225,000
11	Total	757	533,508

2	Benin	122	14,450
1	Burkina Faso	n/a	n/a
1	Cap Verde	50	18,000
1	Côte d'Ivoire	1,163	127,379
1	Senegal	394	500,000
6	Total	1,729	659,829
東アフリカ			
2	Kenya	3,433	2,700,000
1	Uganda	3,131	637,015
3	Total	6,564	3,337,015
19	TOTAL	27,214	9,561,443

北アメリカ			
2	Canada	7,880	14,518,682
3	Mexico	n/a	629,255
5	USA	27,076	156,192,982
10	Total	35,182	169,340,919
南アメリカ			
8	Argentina	n/a	866,000
4	Bolivia	n/a	227,920
6	Brazil	4,744	3,741,667
2	Chile	n/a	183,300
4	Colombia	1,936	4,818,250
1	Ecuador	n/a	n/a
3	Paraguay	76	418,928
2	Peru	21	15,000
4	Uruguay	700	600,000
34	Total	7,477	10,871,065

アジア/大平洋			
Org	Country	Societies	Members
中央アジア			
1	Kazakhstan	n/a	3,700,000
1	Turkmenistan	n/a	n/a
1	Kyrghystan	43	207,630
1	Uzbekistan	672	90,942
4	Total	715	3,998,572

ヨーロッパ			
Org	Country	Societies	Members
CIS			
1	Armenia	2,874	558,230
1	Azerbaijan	79	660,000
1	Belarus	147	1,927,100
1	Bosnia-Herzeg.	70	n/a
2	Bulgaria	1,547	470,000

4	Total	715	3,998,572
東アジア			
1	China	n/a	160,000,000
11	Japan	3,860	42,842,643
6	Korea Rep.of	7,669	17,067,994
2	Mongolia	302	25,057
20	Total	11,831	219,935,694
中 東			
2	Iran	n/a	n/a
2	Israel	256	32,300
1	Jordan	518	53,419
2	Kuwait	43	207,630
1	Palestine	137	15,300
8	Total	954	908,649
オセアニア			
1	Australia	29	508,197
1	Tonga	110	n/a
1	Fiji	532	28,961
3	Total	671	537,158
南アジア			
1	Bangladesh	n/a	n/a
9	India	446,784	182,921,000
1	Nepal	2,252	1,006,369
2	Pakistan	n/a	n/a
3	Sri Lanka	8,557	768,061

2	Bulgaria	1,547	470,000
2	Czech Rep.	2,185	1,381,583
1	Estonia	30	53,528
1	Georgia	105	200,000
3	Hungary	1,922	859,000
1	Latvia	98	305,400
1	Lithuania	99	246,300
1	Moldova	149	595,320
4	Poland	n/a	n/a
2	Romania	3,437	5,140,000
4	Russia	3,874	16,578,000
1	Slovak Rep.	1,108	782,966
1	Slovenia	174	220,354
1	Ukraina	1,956	6,172,135
29	Total	19,854	36,149,916
EU			
1	Austria	108	332,842
4	Belgium	n/a	n/a
3	Denmark	1,446	1,392,244
2	Finland	46	1,066,774
6	France	23,573	17,485,573
4	Germany	9,112	21,640,000
2	Greece	6,800	782,000
3	Italy	39,624	7,624,430
2	Portugal	2,966	2,134,670
5	Spain	23,481	4,336,502

16	Total	457,593	184,695,430
東南アジア			
2	Indonesia	n/a	n/a
5	Malaysia	3,159	822,773
1	Myanmar	3,389	88,875
2	Philippines	n/a	
1	Singapore	35	65,596
1	Thailand	3,016	3,930,332
1	Vietnam	n/a	n/a
13	Total	9,599	4,907,576
64	TOTAL	480,648	414,383,079

6	Sweden	15,106	4,779,540
5	United Kingdom	42	9,038,018
43	Total	122,304	70,612,593
その他諸国			
4	Cyprus	690	515,352
1	Malta	20	3,906
4	Norway	4,259	1,597,668
1	Switzerland	16	1,513,327
6	Turkey	50,150	8,081,100
16	Total	55,135	11,711,353
88	TOTAL	197,293	118,473,862

産業組合というものがありました。官僚がこれを組織した歴史がありますが、戦後そこからようやく脱却することができるようになったということです。

ヨーロッパでは歴史の古いのは、やはりイギリス、フランス、ドイツ、スペイン、スウェーデンなどが大きな力をもっています。北米ではアメリカ、カナダです。ロシアは大変な経済的混乱に陥ったわけですが、ようやく最近協同組合が再建されてきています。こういうのが世界の状況です。

いわゆるアメリカ型のＮＰＯはどうでしょうか。アメリカの学者が中心になって国際的な比較調査を行っていて、データがまとめられています。いま、アメリカとそれ以外の７ヶ国平均の規模を比較したものを見ると、医療・福祉・教育が中心になっていることが分かります。（表２）

ヨーロッパでは、協同組合のほかアメリカ型のＮＰＯと並んで共済組

表2　非営利セクターの規模の国際比較 (1990年度)

	アメリカ		7ヵ国平均	
1．雇用（フルタイム換算）				
非営利部門総雇用者数	7,120,000		1,682,257	
総従業者数に占める割合	6.8%		3.4%	
2．運営支出				
総額（100万ドル）	341,000		85,958	
GDPに占める割合	6.3%		3.5%	
分野別比率（雇用／年間支出）				
文化とレクリエーション	3.5%	3.2%	16.9%	16.5%
教育と研究	22.5	23.1	22.1	24.0
医療・保険	47.1	53.4	22.3	21.6
対人サービス（社会福祉）	14.4	10.1	24.5	19.6
環　　境	1.1	0.7	0.7	0.8
地域開発と住宅	6.0	3.1	4.2	5.0
市民運動	0.3	0.3	1.0	1.2
フィランソロピー	0.3	0.3	0.3	0.5
国　　際	0.1	0.1	0.8	9.2
経済・専門職団体	3.5	5.2	6.1	1.0
その他	1.4	0.9	1.0	0.8
合　計	100	100	100	100

注）宗教団体除く。7ヵ国はアメリカ、日本、イギリス、フランス、ドイツ、イタリア、ハンガリー
出所）電通総研「NPOとは何か」(1996)、39ページ

合が大きな役割を果たしています。（表3）これも大変歴史の古いものがあります。そこでヨーロッパでは、共済を含めた三つのものをまとめた概念として「社会的経済」という言葉を使っていることについては前に述べた通りです。これは19世紀末にフランスで生まれた言葉です。利潤追求目的の市場経済の組織に対して、社会的な目的をもった経済組織ということで「社会的経済」と呼ばれたり、あるいは最近では「社会的企業」と呼ぶ場合もあります。やはりヨーロッパの場合には歴史的に協同組合が一番大きな力をもっていて、それから共済組合、非営利組織の順となっています。

これらの組織では、いろいろな事業活動が営まれています。協同組合の場合には、歴史的に信用事業、それから農業・商業・生産というものが主要なものです。

●国連の動き

　社会的な矛盾が様々なところで激しくなってくるなかで、非営利・協同組織に期待されるところが非常に大きくなってきています。その象徴的な事例が90年代に入ってからの国連の動きです。1994年12月、国連総会は決議をして、1996年8月に事務総長の報告が発表されています。ここでは、今日の新しい経済的、社会的な趨勢のもとで、協同組合が果たす地位と役割を非常に高く評価しているのです。各国の政府は協同組合の積極的な育成を図るべきであるとし、そのためのガイドラインを作成しています。毎年7月の第1土曜日を協同組合デーとして、2000年の第64回国際協同組合デーには「協同組合と雇用促進」というテーマをかかげ、全世界でその発展を図る一つの契機にしようとしています。

　こうした国連の活動を支え、あるいは動かしているのがＣＯＰＡＣ（Committee for the Promotion and Advancement of Cooperatives）という団体です。これは国際協同組合同盟のほかに国連食糧農業機関、国際農業生産者連盟、ＩＬＯ（国際労働機関）、世界クレジットユニオン評議会、あるいは「国際食糧・農業・ホテル・レストラン・給食関連労働者団体連合会」という長い名前の団体とか、いろいろな団体が集まった国際組織です。労働者・農民の組織を含む協同組合運動を促進していく一つの中心となっているものです。そうした運動が非常に高まってきているというのが、最近の大きな特徴でしょう。

表3　社会的経済の規模 (1990年)

	企業数	組合員数	従業員数	売上高(100万ECU)
社会的経済総計	268,679	—	2,860,805	1,663,493
協同組合	103,738	53,732,338	1,743,019	1,225,340
銀行・信用	12,088	28,694,932	401,610	924,193
保険・年金	251	6,000,000	19,301	2,518
農業	44,260	4,084,906	374,992	149,750
生産	26,958	997,674	213,955	22,385
商業(生協など)	6,760	9,309,537	409,533	87,416
その他	13,421	4,645,239	323,628	39,478
共済組合	13,929	96,612,538	226,319	75,570
銀行・信用	164	107,000	623	1,586
保険・年金	12,284	96,155,538	225,696	72,914
その他	1,481	350,000	—	1,970
非営利組織	151,012	32,160,375	391,467	252,083
銀行・信用(住宅)	1,029	9,867,211	33,043	218,083
その他	149,983	22,293,164	808,424	33,577

出所) EUROSTAT, 1993, 石塚秀雄「EU統合と社会的経済」富沢賢治・川口清史編『非営利・協同セクターの理論と現実』日本経済評論社、1997年、106ページ

●日本の現状

　日本について見た場合に、非営利・協同セクターはどのくらいの地位を占めているのでしょうか。日本は何といっても会社天国の国ですから、営利セクターが就業者の数で見ても84％と圧倒的です。それに対してパブリック・セクター、国や地方公共団体関係の就業者は8.28％を占めています。非営利セクターが7.7％、3番目です。しかし、国や地方のパブリック・セクターに匹敵するだけの実態を有するようになってきているというのが、最近の政府統計からうかがえるところです。

　非営利セクターのなかでの産業別構成を見ると、医療・保健・福祉が圧倒的で40％、その次に教育の分野が続きます。医療・保健・福祉・教育について、非営利部門とされるところの就業者が全体の中でどの位の割合を占めるのかを見ると、非営利部門が半分くらいを占めていると見

ることができます。

19世紀以来の伝統的な協同組合としては、日本では農協・漁協・森林組合・生協・信用組合・信用金庫・共済組合・中小企業等協同組合といったものがあります。こうした協同組合はかなり成熟してきています。大規模化してきており、また内部に抱えるいろいろな矛盾・問題もあります。

それに対して、「新しい協同組合」というものが注目されています。これはいわゆる福祉国家というものが危機に陥っているなかで、保育・教育やあるいは雇用・文化・医療・高齢者介護・障害者などの問題を、人々の協同によって解決していこうという形の運動です。これは世界的な趨勢であります。いちばん進んでいるのが、北欧やイタリア・スペイン等南欧の社会的協同組合といわれているものではないかと思います。

日本でも、社会保障や社会福祉の再編が進められるなかで、政府や財界、経団連・日経連などがＮＰＯに注目しています。福祉や雇用を創出する上で、大きな役割を果たし得るということです。99年に日経連が出した『ダイナミックで徳のある国を目指して』という報告書があります。ここでは「ＮＰＯ（非営利団体）活動の充実に期待」ということで、次のようにいっています。

「新たな社会問題に対応する役割を担うとともに、無償のボランティアだけでなく有給の従業員によって構成されるＮＰＯは、個人の能力において多様な働き方を実現する場であり、新たな雇用の受け皿としての機能をもつ。」

つまり、今企業で進めているリストラの結果、雇用の弾力化と失業が進んできていますが、そうしたものの受け皿として注目しているということです。そこで労働組合運動がこれに対してどう対応するかが問われ

てくるわけです。同じ労働組合でも「連合」と「全労連」ではかなりスタンスが違います。「連合」の場合には協調的な立場からではありますが、かなり積極的な対応をしようとしています。「全労連」の場合には拒絶反応があるようにみられますが、果たしてそういうことで済むのかという問題があります。リストラに反対する「たたかい」とともに、こうした動向に対しても労働側がイニシアチブをとるような主体的な「対応」が求められます。

●医療・福祉における非営利・協同

いろいろな意味で21世紀に注目されているのは医療・福祉の分野の問題です。

すでにアメリカでは民間営利企業の進出が大変進んでいます。この分野について、メディカル・ウェルフェア・インダストリアル・コンプレックスという概念が提起されています。医療・福祉・産業複合体ということです。日本でもそういう動きは生まれてきています。徳州会グループなどチェーン病院というのが生まれていますし、さらにそうしたところが医療の分野から老健・特養を併設するといった形で複合体をつくるという形になり、政府などの姿勢もそういうものを積極的に進めていこうということですから、医療や福祉の分野が営利企業の草刈り場になるのではないかという危惧が生まれているわけです。

実際に政府のいろいろな資料を見てみると、たとえば規制緩和委員会が3ヵ年計画というものを打ち出しています。そのなかで、医療の分野への営利企業・株式会社の参入の規制緩和を行うということを明言しています。これらの規制緩和の項目のほとんどは経団連の要求にもとづくものでしたから、経団連の文書では、要望事項の半分は政府が受け止め

てくれた、と正直に書いています。ただ、医療分野での株式会社の不参入など不十分なところも残されているので、その点については今後より一層要求を強めていくといっています。

こういうなかで、アッと驚いたことが一つあります。1998年末のことです。「日本経済新聞」の一面を買い切った広告です。広告主は日立製作所で、グリーンのカラーで印刷された目立つものでした。その内容は「これからの社会福祉は日立にお任せください」というものでした。病院から始まっていろいろな福祉施設まで、総合的に日立が請け負ってやる用意があるというＰＲ広告だったのです。

日立という会社は今、大変などん底にあります。かつての一流企業も今や三流企業といわれています。全部事業部門ごとにバラバラにして、売れるところはアメリカの企業に売る。売れないところは捨ててしまう。できるだけスリムにして、原子力から家庭電器までという経営から脱却する、脱総合経営ということを目指しているわけです。ではスリムになってしまってそれで終わりかというと、そうではありません。新しい21世紀の成長産業に乗り出していこうという、積極戦略ももっているということです。その他日立以外の日本の大企業もみんなそうです。彼らがそうした方向をねらっているということなので、医療・福祉の分野を営利企業の草刈り場にしてしまっていいのかということが大事な問題になっているわけです。

営利企業のこうした熱心さに比べて非営利・協同の方はどうでしょうか。介護保険などの現状を見ていると、必ずしも十分力をもち得ているとはいえないのが実態だろうと思います。農村では厚生農業協同組合連合会という組織が各県単位にあって、厚生連病院というのが全国で114ほどつくられています。職員が3万9,000人ほどいます。その代表的な

ものが長野県の佐久総合病院です。厚生連病院の約7割が人口5万以下の地域で、農村地域における医療・福祉の中心的な役割を担っているということです。都市においては、医療生協とか医療法人で構成されている民医連医療機関が大きな役割を果たしているといっていいかと思います。

●協同組合の潜在的な力

その他協同組合の潜在的な力としては、農協が890万組織ですから、今後の高齢者福祉に大きな役割を期待されています。生協も2,000万組織で組合員は非常に多いわけです。しかし、まだこれからで、どこまで取り組めるかということです。生協はこれまでは購買生協がほとんどでした。医療生協というのは、どちらかというと生協運動のなかでは隅っこのほうに位置づけられていたということですけれども、やはり最近は高齢者生協という形で高齢者の問題に取り組む生協が全国で生まれて、大きく発展しようとしています。その他いろいろな生協の福祉事業を下から支えるものとして、ワーカーズ・コープとかワーカーズ・コレクティブといった、これは一つひとつは小さな組織ですけれども、各地で生まれてきています。

東京・神奈川での力が強いようです。最近、神奈川にある福祉生協などが金融機関をつくりました。信用組合という形ですが、自ら金融機関をつくりました。外国では生協などが金融機関をもっています。イギリスではコープバンクというのがあって、最も優秀な金融機関で革新的な事業活動をしています。町を歩くと、コープバンクにぶつかることがよくあります。ところが日本は農協、漁協以外には、協同組合が金融機関をもちえていません。法制上ありません。ただ唯一労働金庫というのが

ありますが、あれは労働組合が構成している団体加盟の組織であって、一般の市民のところまで手が伸びていないという限界があります。こうしたなかで、神奈川の生活クラブ生協を中心としたところで、信用組合がつくられる。協同組合が民間の銀行からお金を借りるのではなくて、自分たちでお金をつくろうということです。

　21世紀に向けて、保健・医療・福祉の分野でネットワークをつくることが、今求められてきています。『農協がおこす地域の福祉－ＪＡ信州うえだの挑戦』という書物があります。1998年の末に出されたものです。これは、長野県の厚生連病院などを中心とした実践活動をまとめたもので、信州上田地域における非営利・協同組織がネットワークをつくって、さまざまな問題の解決に取り組んでいるということを紹介したものです。私は大変興味深く読ませていただきました。今後、こうした実践例がたくさん生まれてくるでしょう。

(5) 非営利・協同組織における民主的運営

●非営利・協同組織にとって重要な点

　非営利・協同組織にとって重要な点は何かといいますと、三つほど挙げることができるかと思います。

　一つは、その活動の目的がどれだけ社会的に有効なものとして認められるかということです。もしも、本来の社会的目的から外れるようなことを行う場合には信頼を失うことになります。非営利・協同だからといって失敗をしない、過ちをしないということはありえません。資本主義の枠内にあるものですから、そうした失敗の例は事欠きません。いくらでも挙げることができるわけです。ですから、社会的目的を実現するためにどれだけ有効性を発揮しているか、どれだけ人々の信頼性を確保しているかということが重要になります。

　二つ目は、その活動は効率的なものでなければならないということです。株式会社は営利追求の目的のために効率化を徹底して追求しています。これと対抗していくためには効率性を無視するわけにはいかない。無視すればすぐに赤字が生まれてくる。それを放置したままでやれるのかという問題があるわけです。この点については、社会的な制度の問題

もももちろんありますが、改善すべきところはないのかという努力の姿勢がつねに大事です。改善すべきところを徹底的に洗い出していく努力は欠かせません。医療も一つの経済的事業活動ですから例外ではありません。

　三つ目に、私は「民主的管理運営」ということを強調したいのです。非営利という概念の中には民主主義ということは含まれていません。ＮＰＯの中には実際にも非民主的なものもあります。協同組合の場合には、民主主義は欠かすことのできない原則となっています。しかし、現実はべつです。自分たちの組織は非営利・協同組織であり、みんなで協同してやっているのだと言うけれど、非民主的な管理運営が行われているところも少なくありません。そこでは官僚主義的なやり方が横行している。トップが独走し、トップダウンですべて仕切っていくというような非営利・協同組織がないわけではありません。これは非営利・協同組織が自らの首を絞めるようなものです。この点はいくら強調しても強調しすぎることはないと思っています。もしこれに失敗すると、「ボランティアの失敗」、あるいは「協同組合の私物化」という問題が発生するでしょう。

●民医連と民主経営

　民医連医療機関は以前から「民主経営」という概念でとらえられてきたかと思います。いわゆる「民主経営」と呼ばれるものの中にはさまざまなものがあります。株式会社形態で普通の企業として活動をしているものでも「民主経営」だとされるものもあるようです。なぜそうなのかというと、戦後の民主運動の中で、その会社が実質的には運動のための経営体だったというところに帰着するかと思います。ですから、株式会

社形態を利用していてもそれは営利を追求しているのではないと言われるわけです。

こうしたことをとらえて、「民主経営という言葉は左翼の俗語である」と言う人もいます。当たっていないとも言えません。自分たちは民主経営だから民主的で、そうでない他のものは民主的ではないと独善的に決めつけてしまうのはどうなのか。「民主経営」といいながら時に非民主的な実態もみられないわけではありません。そういう使い方をするならば、これが左翼の俗語、縄張りを表す言葉ではないかと言われても仕方がありません。

民医連医療機関は、民主経営としてどのような自己認識の歴史をこれまで経てきたのでしょうか。民医連は戦前の無産者診療所から出発しました。そこでは、労働組合運動と結びついたボランティア的な活動、一部の先進的な人々の活動がありました。戦後はその伝統を受け継いで発展してきました。代々木病院の院長だった佐藤猛男さんの『運のいい男』という本を読みましたら、戦後、初めは「共産党診療所」と名乗っていたそうです。共産党の本部の中に置かれていた。その後、代々木診療所になり、それが代々木病院になりました。法人化によって飛躍的に発展し今日に至っています。全国を見ますと、他にもさまざまのものがありうるかと思います。そういう多種多様なものを包含した運動体として民医連の活動があるのだろうと思います。

それはともかく、現在の民医連の社会的使命（ミッション）は何よりも民医連綱領（表4）に示されているものがその内容になっていることは間違いないことです。したがって、民医連医療機関の運動は国際的にはNPO性をもったものであり、一方、協同組合性をもっていると言っていいと思っております。医療生協ははっきりとした協同組合の看板を

表4　全日本民医連綱領

全日本民医連綱領

われわれの病院・診療所は働くひとびとの医療機関である

一、われわれは患者の立場に立って親切でよい診療を行ない、力をあわせて働くひとびとの生命と健康を守る

一、われわれはつねに学問の自由を尊重し、新しい医学の成果に学び、国際交流をはかり、たゆみなく医療内容の充実と向上につとめる

一、われわれは職員の生活と権利を守り、運営を民主化し、地域・職域のひとびとと協力を深め、健康を守る運動をすすめる

一、われわれは国と資本家の全額負担による総合的な社会保障制度の確立と医療制度の民主化のためにたたかう

一、われわれは人類の生命と健康を破壊する戦争政策に反対するこの目標を実現するためにわれわれはたがいに団結をかため、医療戦線を統一し、独立・民主・平和・中立・生活向上をめざすすべての民主勢力と手を結んで活動する

掲げているものですが、そうではない医療法人等の場合においても、その組織の実態は協同組合性をもったものだろうと私は理解しております。多くの医療機関が「全職員参加の経営」ということを強調し、共同組織として「友の会」をつくっているわけです。この点では、スペインのモ

ンドラゴン協同組合における活動の内容とも接点が出てくるかと思います。

● **株式会社と協同組合**

一つご紹介したいのは、マルクスが『資本論』の中で、営利企業の代表としての株式会社と協同組合を対比して論じている箇所があることです。

株式会社というものは巨大化していきますと、究極的には資本家は無用の存在になってしまうのです。実際に会社を動かしているのは経営者であり、そこで働いている労働者です。そういうことで、株式会社においては資本家の無用性というものが証明されているんだと言っております。株式会社は資本主義の階級対立を消極的に止揚した形態であるわけです。

それに対して協同組合の場合には、協同組合工場という言葉をマルクスは使っておりますが、株式会社がいわば消極的に階級対立を止揚しているのに対して、協同組合工場の場合には積極的に止揚したんだと、こう言います。なぜかといいますと、そこでは労働者が資本を出資し、経営に従事し、また労働も行っていると。そこから、資本家というものは別に必要ないということになるわけです。ここでモンドラゴンの実験というものが登場してきます。

モンドラゴンの場合には、200万円以上もの資金を一人ひとりの労働者が出資しているということです。その中から選ばれた人が経営を行い、労働を行っているということです。これは労働者協同組合の一つの典型であり、成功例であります。19世紀のイギリスやフランスでは、こうした生産協同組合が非常に活発でした。それは今日も続いておりますが、

概して消費生協は大きくなっても生産協同組合、労働者協同組合は失敗する例が多かったわけです。失敗する原因として挙げられているのは、市場が見いだせない、資本が足りない、それから経営管理の能力をもっていない、技術力もないなどです。これは万国共通のものと言っていいかと思います。ところがそうしたこれまでの失敗例を乗り越え克服して、唯一成功しているのがモンドラゴンだろうと思います。

● モンドラゴンの変容と発展

　私はモンドラゴンを1992年に訪れたことがあります。当時はＧＣＭ（Grupo Cooperativo Mondragon）、モンドラゴン協同組合グループと言っておりました。その直後、組織の名称変更をいたしました。ＭＣＣ（Mondragon Corporación Cooperativo）という名称になりました。「Cooperativo」というのは協同組合ですが、真ん中に「Corporacion」が入っています。これは英語でコーポレイション、会社ということです。協同組合と会社という矛盾したものが併置されている。その当時、疑問に思って聞いてみますと、これは持ち株会社のことなんだと言うんです。持ち株会社がどうして必要になるのかということですが、その後のモンドラゴンの動きを見ていますと、製造部門は依然として中核的な地位を保持しておりますけれども、その後の主たる拡大は「エロスキィ（Eroski）」と呼ばれる消費生協を重点に展開してきている。これはアメリカやフランスなどの巨大流通資本がスペインに進出してくる、それに対抗するためには、小さなスーパーはどんどん潰されていきますから、モンドラゴンがそれを系列化する、提携をして系列に入れる。いうなれば買収戦略です。これをスペイン全体に展開する。一部フランスにも出ております。製造部門はそれ以前からすでに多国籍化しています。

こうして消費生協のところにおいても、全国展開から多国籍化を進めつつある。株式会社としての多国籍企業と四つに組み合うといいますか、そういう面も見られます。

　こうなってくると、バスク地方という非常に限られた地域の力だけでは限界があります。まず資本の問題があります。それで外部資本を導入することになる。資本を入れる以上、当然それに対する見返りとしての配当を出さなければならなくなる。議決権をどうするのかといった問題も出てきます。株式会社的なシステムを一部導入するということにならざるをえないかと思います。こういうことで絶えず近代化をはかりながら、営利資本に対抗してきております。

　イタリアの協同組合も同じような問題をかかえています。イタリアは地域的な自立性が非常に強い国ですから、協同組合も昔は小さな店舗ばかりだったわけです。ところが、そこにも多国籍資本が入ってくる。それをどう迎え撃つかということになり、一挙に近代化・巨大化する展開をとることになりました。そして成功しました。その点でイタリアやモンドラゴンは成功した例なのです。

● **新たに提起される問題**

　多国籍資本の進出に水際で歯止めをかけることに一旦は成功しましたけれども、同時に問題が出てきた。つまり、効率性の点では十分な効率性をあげることができたけれども、やはり管理の面で問題が残った。内部的には、そうした近代化・巨大化したものを運営するだけの力をつけるには時間が足りなかったのです。そこで、外部から経営者をスカウトするといったことをやらざるをえない。そうすると、中には経営者として優秀であり経営能力はあるが、必ずしも非営利・協同の精神を備えて

いるわけではない人も出てくる。そういうことで内部の矛盾が表面化せざるをえないということもありました。しかし、そういうものは適時に克服する、そういう取り組みを行います。

そのために、ヨーロッパの非営利・協同組織がやっているのは、ソーシャル・リポーティングとかソーシャル・オーディットという、自分たちの社会的な目的・使命がどれだけ実現しているかということを絶えずチェックしていくということです。いわゆる経営上の効率、財務上の効率、黒字か赤字かということだけではなくて、それはもちろん欠かせない重要なことなのですが、それだけに偏ってしまうと本来の目的が省みられなくなってしまうということです。それでは元も子もないわけです。ですから、そういうものをチェックできるような仕組みを作っていくといいますか、そういうことに努力をしてきているようです。

日本の場合はどうでしょうか。まだ問題がそれほど深刻になっていないということでしょうか。一部の例外的なところを除いてあまり取り組まれているようには見えません。非常に遅れていると言っていいかと思います。民医連の院所にとっても避けて通れない問題です。

● 管理の相互牽制

民主経営としての民医連医療機関に即してみますと、いろいろな問題があります。

第一は、組織目的が非営利であること、これは言うまでもないことです。

第二に、民主的・集団的所有ということが言われています。

生協法人についてはたしかに組合員一人ひとりがお金を出し合ってやっているわけですから、民主的・集団的所有ということは言える。しか

し、それ以外の場合はどうなのか。医療生協でない医療法人とか財団法人などの場合はどうだろうか。民主的・集団的所有というものの実を備えるに至っているのかというと、問題がないわけではない。そこでは、資本が必要な場合、組合員から増資をしてもらうということも簡単にはできにくい組織形態になっているわけです。

　医療生協の人は、自分たちのほうが進んでいると言います。たしかに形態から見ればそうです。ところが、では医療生協は問題なしかというと、そうでもない。組合員が中心だということですが、組合員主権というものがたんに名目で終わってしまってはいないか、形骸化してしまってはいないか。専従者なり実際に運営している人々がどうしても中心になってしまうと、組合員参加が疎外されていってしまう。そこで働く職員の場合も、組合員ではあるが圧倒的に少数者ですから、発言力がどうしても弱くなる。そうすると、役職者、役員中心の運営に陥ってしまうという欠陥が生まれます。ですから、ここでも絶えず問題を自覚していなければならないところだろうと思います。

　医療生協以外の法人形態の場合には、組合員の総会なり総代会というものがありませんから、理事会中心の運営になってしまう。利用者の共同組織・友の会があるわけですが、この人たちは基本的には外部者となります。こういうところでどうやって「管理の相互牽制」を実現していくか、チェック・メカニズムをどう形成していくかは大変重要な課題だろうと思います。

● 科学的管理と民主的運営

　第三に、科学的管理と民主的運営です。組織の大規模化によって、どうしても所有と経営と労働の分化が起こってくる。そして仕事の実態と

しては、管理労働と被管理労働の分化が起こってくる。科学的管理と民主的運営が必要となる所以です。これは避けがたい傾向です。

　私は、今までに経営に失敗したいろいろな事例を見てきました。そういうところは、必ずと言っていいほど「トップの独走に任せてしまった」という。その結果、大きな赤字を生み出してしまったと。そしてその後始末にみんなが苦しまなければならない。だが、「任せてしまった」というけれど、じつは医師や職員が経営に無関心だった、赤字が生まれても無関心だった。そういうことだったのではないか。たまたま、経営危機に陥ったある法人の経営データをみる機会がありました。その印象としては、そこの赤字はもう問題外です。よくあそこまで放置していたなと思いました。民主的な経営の場合には、どのようなポジションにいる者であっても、経営のことは自分のものとして考えていかなければならないわけです。民主的運営が必要となる所以です。

(6) 非営利・協同組織と「搾取」

●搾取なき社会

　最後に非営利・協同組織と搾取問題をめぐって考えてみましょう。

　民医連をはじめ広く協同組合の関係者のあいだでは、経営側とそこで働いている人々が組織する労働組合運動との関係が、必ずしもスムーズにいっていない。かなり前からのことですが、この根は大変深いものがあろうかと思います。21世紀に向けて、どういうふうにこれを克服していく必要があるのか。

　人類のこれまでの歴史には、労働の搾取という問題がいつもありました。王侯貴族が奴隷の労働の成果を取得する。封建地主が農民の労働の成果を取得する。資本主義であれば資本家が労働者の労働の成果を取得する。こういう典型的な搾取というものが、これまでの歴史にはありました。

　搾取をなくしたいとは誰しも思うわけですが、思っただけではなくならない。搾取をなくするという、人類が抱えてきた歴史上の課題を達成するためには、どういうことが必要なのか。人間による人間の搾取が消滅するということは、社会の主要な生産手段が社会の一部の人々の私的な所有から社会全体の所有へ、つまり生産手段の社会化が必要になります。搾取は、社会の階級への分裂が最終的になくなった共産主義社会に

おいて初めて消滅するのです。歴史的な条件が成熟してはじめて搾取はなくなるのです。これは、全社会的な性格の問題なのです。だから個別の企業なり組織なりで、搾取をなくすということは、本来問題となり得ないのです。

　生産手段の社会化ということについて、かつては資本家的企業を国有化することだと考えられていました。ソ連は国有企業の形態をとったわけですが、国有企業にしても搾取はなくならなかった。どういう条件が整ったとき搾取がなくなるかというと、これはマルクスが『共産党宣言』の最後で述べているところです。マルクスは、各人の自由な発展の条件が、万人の発展の条件となるような共同社会ができてはじめて搾取というものがなくなる、と言っています。

●労働組合と「搾取論」

　大きな赤字を抱えたある医療法人の例があります。そこの労働組合は組合活動が活発で大変元気がいいのです。もらっている賃金を聞いてびっくりしました。まず新入職員の初任給が社会的な平均水準からみても高い。これは労働組合がしっかりしている、とまずは言えます。しかし、その法人の経営危機を見たとき、労働組合は自分たちの労働条件を改善する防衛的機能、所得の再配分の機能だけを考えていればいいのか、という問題が残る。自分たちの経営をさらに前進させるだけの展望をもっているのか、その方針を作り上げているのか。その法人の場合、残念ながらそうではなかったようです。

　こうした労働組合運動から抜け出せないのは、労働組合の中にとくべつな「搾取論」があるのではないかと私は思っています。この問題について、ある権威のある文献では「協同組合経営の労働者は搾取されてい

るか」という問題を自ら出して「『民主経営』という概念は極めてあいまいで科学的な概念とはいえません」と言っています。それは、前にも言ったように当たっていないことはない。そして「協同組合では搾取は存在しないという主張は正しいとはいえず、協同組合経営の労働者といえども資本主義のもとでは『資本』によって搾取されている」とも言っています。これも資本と労働の対立が残る限りでは正しい。完全に搾取関係がないとはいえないわけです。しかし、同時にこうも言っています。「もしもかりに協同組合が全出資者＝全員労働者であるとすれば、そこでは搾取は存在しないといえるでしょう」と。これは本質をついています。現実にはこのように二つの面があるわけです。

● 搾取はあるのか、ないのか

後者の「全出資者＝全員労働者」というのはモンドラゴンのケースにあたると思います。ですから、たしかにここでは搾取は存在しない。少なくとも、経営内においては存在していない。しかし、全社会的な機構、つまり市場での競争関係においては搾取関係から免れることはできないのです。モンドラゴンの場合でも例外ではない。これははっきりしていることです。しかも、モンドラゴンでは、規模拡大とともに出資をしないいわゆる雇用労働者になる部分がかなり増えてきている。パート労働者などを使わざるをえないという実態が生まれてきております。ですから、個別経営の中で搾取を全廃しようと思っても、そこには自ずから限界というものがあるわけです。社会全体の仕組みを変えることとともに、個別経営の中において新しい人間関係をつくっていく。この両輪が進んでいかなければならないわけです。

ですから、民医連運動の中においても絶えずそうした矛盾が生まれて

くるということを自覚していなければならないと思うのです。自分たちの運動や組織を完成されたもの、出来上がった運動なのだ、完璧なものだという考え方に陥ると、誤りに陥ると言わざるをえません。

　さきほどの文献はこうも言っております。
「（労働組合としては）くりかえし協同組合の理念と原理にもとづく民主的運営を要求し、それに労働組合の立場から参加し協力していく活動を強めること」だと。これは正しい指摘だろうと思います。そういう観点に立って組合運動を進めていかなければならないだろうと思います。

　そうしますと、「搾取があるかないか」という議論にふけっていることは、きわめて非生産的、不毛な議論だと言わざるをえません。また、「医療を守る活動が労働条件改善の前提か、労働条件改善が医療を守る活動の前提か」という議論ですが、これもまたきわめて不毛な議論だと思います。つまり、卵が先か鶏が先かの議論になってしまう。これは永遠に答の出ない議論です。具体的な現実に則して問題の解決に取り組んでいくしか答はありえないだろうと思うのです。

　非営利・協同の陥りがちな問題点は、非営利なんだから営利企業より優れているんだ、協同なんだから矛盾はないんだ、ということで自らの絶対視に陥ってしまうことです。その逆に、非営利・協同といえども資本主義企業と変わりないんだという誤りもあります。非営利・協同だけですべての問題が解決するものではないことは明らかなことです。それを踏まえて、社会的な運動と個別の経営の発展というものの両輪を進めていく、両輪が共に進んでいかなければならないわけです。

● 「所有」の問題

　あれこれの「搾取論」はさまざまな「所有論」とセットで展開されて

いるようです。例えば「協同組合的所有」「民主的集団的所有」「資本家的私的所有」など。

　所有ということに限って見た場合、法的な側面と経済的な側面に分けて捉えることができます。私的所有権、つまり法的に「ものを所有している」ということは、具体的にはそのものを「使用」する、そのものから「収益」を上げる、そのものを「処分」することができる、などの経済的実体を意味します。土地の所有権などを考えてみればわかりやすいでしょう。

　企業について見ると、所有は株主によって代表されています。ただ、この場合の所有権は、合併や買収など会社をどうするかというときには株主総会で発揮されますが、それ以外の場合には、株主は事実上組織の運営にはタッチしないようになっています。では日常の意思決定は誰がやっているのか、誰が会社を動かしているのかということが問題になり、経営者支配という問題になるわけです。そういう点からいうと、企業における所有の実体というのは、もはや形式から離れてきている、と言っていいでしょう。

　会社組織と協同組合の所有の間には、大きな違いがあります。会社組織の場合には一株一票、資本の民主主義です。資本が多いものほど発言権が大きくなる。ところが協同組合の場合には一人一票ですから、資本の大小には関わりないという点で異なっています。しかし同質性ももっています。つまり資本をたくさんもっているものほど、出資をたくさんしている者ほど、利益の分配が大きいという共通性は残されています。そういう意味では私的な個人的な持分に基づく利益の分配請求権が残っているので、その限りで同質性があるということになります。医療生協などでは、そうした余地は全然ないのが実態ですが、協同組合一般につ

いていえばそういうことです。

● 人間の関係こそが問題

　こう見てくると、資本関係があるか、所有がどうかという法的形式的なことを問題にするよりも、そこでの人々の相互の関係がどうなのか、人間関係がどういうものとしてつくられているのかということを具体的に見た方がよいように思われます。官僚的なトップダウンやワンマン経営が行われていれば、経営者が労働の成果を自分の懐に入れてしまっていると見ることができるでしょう。その限りで搾取が存在しているということがいえる。そうではなくて、そこで働いている人が職場の主人公としてみな平等な立場で発言し、そしてその組織を運営しているということであれば、そこには労働の疎外はないし、搾取はないということができるでしょう。

　社会的にはまだ資本主義体制ですから、搾取は存在している。しかし、個別の経営の内部で人間と人間の新しい関係をつくりあげていくことは可能であるし、その範囲内で搾取をなくしていくということは可能だと思います。これも「未発の契機」の一つということになります。

　働く者の立場に立っているから搾取がない、あるいは民主的な改革を目指しているから搾取はないということにはなりません。目指していることは間違いないでしょうが、目指したものが違ったものになってしまったという歴史上の教訓もあるわけです。その意味では「目指す」だけではだめであって、現実にどういうものがつくられているかということが問われなくてはならない。その限りでは民医連の機関では正式に「搾取はない」という結論に到達しているようですが、私は現在進行形というか、現在形成途上のものというふうにとらえています。

●歴史的に見る

　協同組合や民医連に搾取があるという人たちは三段論法によっているように見えます。つまり協同組合には資本がある。資本とは最大限利潤の追求をするものであり、これこそが資本の本性だ。だから決して搾取と収奪を制限しようとするものではない、と。

　一般論としてはそういう可能性はあります。しかし、この人たちは「だから」と言葉を続けるのです。だから、協同組合運動が資本主義のもとで、労働者・勤労市民の生活を守ることのできる範囲は極めて限られている、と。しかし、この論法は協同組合の資本がもっている独自性・特殊性を全く無視していると思います。たしかに協同組合の力は限られています。国民生活を守る上でオールマイティでは決してないわけです。しかし、「だからだめなんだ」とどうして言えるでしょうか。

　そんなことをいったら、すべてのものは限られています。政府の力も限られています。企業の力も限られています。労働組合の力も限られていますから、オールマイティのものはこの世にはありません。問題は、それぞれ固有の性格・役割をもったそれ自体としては限られた一つひとつの力が、社会の変革のためにどのように共同していくかということが大事なのだと思います。ところが「搾取あり」論にこだわる人たちは、傾向としてそういう発想になかなかなり得ない。搾取があるからだめなんだ、と頭から決めてかかっているように見えるのです。

　搾取の形態にせよ、搾取の内容にせよ、歴史的なものです。それらは、資本主義の発展の段階でも異なっていますし、個別の組織・経営のなかでも異なってくるのは当然のことです。19世紀のイギリスでは、児童労働が大手を振ってまかり通っていました。今でも児童労働はこの地球上

に残ってはいますがかなり限られたものとなっています。それはもはやだれも正当化することはできない。それをなくしていくことは世界の世論になっているわけですから、搾取のあり方も時代とともにかなり変わってくるといえましょう。

　今の日本で具体的に何が必要となっているのでしょうか。「資本主義の枠内での民主的な改革」だといわれています。そうだとすると、搾取は資本主義とともにある本質ですから、それを今すぐ消滅させるということはだい問題となっていない。ですから、搾取があるかないかで議論することは、本筋を見失わせることになると思わざるを得ません。

　中小企業ではどうか。中小といえども営利を追求している資本主義的な企業です。そうするとそこには搾取がある。それならそこの労働者は経営者と手をつなげないのか。一緒に運動はできないのでしょうか。そんなことはない。資本主義だからだめだとか、今すぐ革命をやれなければ世の中はよくならないとする考え方はどうなのかと思います。

　新聞に「トラック労働者が経営者と共同」という記事が載っていました。労働者にとって賃上げは必要である。同時に経営環境の改善も必要だ。そしてちゃんと経営が成り立っていかなければモトもコもない。運輸一般労働組合の例ですが、ここは経営を圧迫している要因は企業外にあるとして「経営者と共同」という方向をはっきり打ち出しています。搾取があるから経営者と手を結ぶことはできない、などということは全く言っていない。私はこういう立場こそが正しい立場だと思います。

　大島慶一郎さんという民医連のお医者さんは、患者の基本的人権と病院の職員の基本的人権を対置した場合、それが衝突する場面では前者を優先すべきで、必要なら後者の人権は制限されるべきだという独自の「見解」をもっていたそうです。大島医師が亡くなって彼の伝記が公刊

された際、書評が出ました。書評者は、この大島医師の「見解」には本書の「積極面と問題点が率直に示されている」と述べています。

　民主経営といわれるところでも、個別の経営のなかでは、お互いに矛盾する場面も多々出てくるのは当然です。民主経営では矛盾が生まれ得ないと美化してしまうのは間違いです。また、矛盾が出たとき簡単に結論の出るものでもない。社会全体から搾取がなくなる条件が整うまでの長い間、そうした矛盾との格闘は続くのです。患者や利用者の利益・権利を守るということ、そこで働いている労働者・職員の権利を守っていくこと、そして経営を発展させること、これらのことを全体として矛盾なく進めることは至難の業です。簡単に答の出るものではありません。実践のなかで絶えず試行錯誤して、解決に取り組んでいかなければならない問題です。矛盾のない天国は一挙に生まれてくるものではない。一歩一歩この社会をよくしていくという闘いが必要であって、そのためにはできるだけ手を広げ連帯を強めていくことが必要です。

(7) 非営利・協同の展望

　21世紀の非営利・協同の戦略として、ＩＣＡ（国際協同組合同盟）は「ＩＣＡの21世紀戦略」を出しています。そこで挙げられているのは、「健康とソーシャルケアー」です。これは日本ばかりではなく世界的に問題になっている点です。ここに戦略目標が設定されているのは正しいことだろうと思います。これを進めていくためにも、地域との結びつき、地域への関与ということが大事になっています。地域の消費生協や医療生協、ＮＰＯ、ボランティア組織との協同をつくりあげていかなければなりません。同時に、大企業や金融機関に対する民主的な規制、その企業改革の運動、それから中小企業と手を結んだたたかい等の運動を進めていく必要があります。

　真田是さんが「非営利・協同の運動は階級闘争の一つの営み」（「民医連医療」1999年7月号）と言っておりますが、私は正しい指摘だろうと思います。とかく、労働組合運動のプロの人たちには、労働組合運動こそが階級的な運動であって、非営利・協同なんてのは階級的な運動ではないという、狭い一面的な見方に立っている人がいないわけではありません。しかし、社会の機構を総合的に分析すれば、これは階級闘争の一つの営みであろうことは明らかだろうと私は考えているわけです。

　非営利・協同の運動には体制の補完性といいますか、体制が生み出すいろいろな矛盾の尻拭いをする面がないわけではありません。それは現

在の体制を永らえさせるということにもなります。だからこそ、そういう中で主体形成をはかっていくことが大事になるのです。これは経済の面における民主主義の問題ばかりではありません。政治の面における民主主義も、代議制民主主義は資本家階級にとって最も体制を安定化する手段になるのです。政治における民主主義というのは独裁制よりはるかに強いのです。だから一面では体制を安定化することになりますけれども、その民主主義の中で国民が鍛えられていく、国民の力量が発達をしていくということによって、社会を変革していくことのできる道が開けていく。こういうことではないかと思っております。

第2部

わが国の医療・福祉と非営利・協同組織

(1) はじめに

　21世紀を目前にした今日、様々な分野で公共性なるものが問われているが、なかでも公共性をめぐる社会的矛盾が最も鋭くあらわれているのが、医療・福祉と教育の二つの分野といえるであろう。前者についてみると、すでに90年代より財政赤字と国民医療費負担の増大、病院の赤字経営など様々な矛盾が激化しているのに加え、高齢社会の到来にともなう公的介護保険制度の導入が2000年4月より始まり、その矛盾がより一層拡大してきている。基盤整備の問題をはじめとして、保険料負担など様々な問題の解決が不十分なまま、政権与党の政治的な思惑によって矛盾の解決を先送りしての見切り発車となっている。

　こうして財政危機によって政府の公的責任が放棄されるなかで医療・福祉の規制緩和、市場化が進められつつあり、非営利・協同組織に大きな期待が集まっている。しかしながら、他の分野に比べ医療・福祉における非営利・協同組織については、包括的に取り上げたものがほとんどないといってよいのが現状である。介護保険制度の実施に続いて予定されているのが医療制度の改革であるにもかかわらず、医療における非営利・協同組織については、その専門性からか、ほとんど研究されてきていないように思われる。わが国における非営利・協同セクターの実態をはじめて包括的に調査した文献といえる富沢賢治・川口清史編『非営利・協同セクターの理論と現実』（日本経済評論社、1997年）も、医療生協に限定して1章（高畑明尚担当）を当てているにすぎない。

　こうしたなかで医療・福祉分野における規制緩和については、角瀬保

雄編著『「大競争時代」と規制緩和』(新日本出版社、1998年)が1章(西岡幸泰担当)を当てて解明しているほか、私自身も1999年9月に開かれた日本医療経済学会の第23回研究大会における「保健・医療における非営利・協同」分科会のシンポジウムにおいて、「非営利・協同論の背景、可能性、展望」と題する報告を行い、医療・福祉における非営利・協同組織の概念的枠組みの提起を行っている。

　本稿では、わが国の医療・福祉における非営利・協同組織について今日の到達を概括し、その特徴と課題を明らかにし、今後を展望することを主たる目的としているが、同時に『非営利組織と民主経営論』(かもがわ出版、2000年)という著作において、私を含むわが国の非営利・協同論に対して批判を提起された有田光雄氏の「階級闘争論の視角」なるものに対する反論を行うことにしたい。21世紀を目前にしたわが国の非営利・協同論の発展のために避けることができない課題といえるからである。

(2) 非営利・協同組織の概念

　まず初めにわが国における研究状況を踏まえて、非営利・協同という概念に関する一般的な認識を明らかにしておくことが必要となろう。非営利・協同という言葉が書物の上に登場した最初は、1995年7月に協同総合研究所が編集・公刊した『研究年報①非営利・協同の時代』といえよう。それは「いま協同を問う94年全国集会」という非営利・協同運動の報告を取りまとめたもので、いわば運動のなかから生まれた言葉であった。筆者はそのなかで「民主的経営の地平」という論文を寄稿している。

　しかしその後、富沢賢治・川口清史編『非営利・協同セクターの理論と現実』（日本経済評論社、1997年）、富沢賢治『非営利・協同入門』（同時代社、1999年）、角瀬保雄・川口清史編著『非営利・協同組織の経営』（ミネルヴァ書房、1999年）、川口清史・富沢賢治編『福祉社会と非営利・協同セクター』（日本経済評論社、1999年）、川口清史『ヨーロッパの福祉ミックスと非営利・協同組織』（大月書店、1999年）など、非営利・協同という言葉をキイワードとした研究書、一般書が次々と公刊されるようになった。そして今日では広く使われる言葉となっている。いわば「時代の言葉」となったのである。その表象するものは協同組合を中心として、共済からアソシエイションまで広く包括しており、ヨーロッパの「社会的経済」の概念と重なり合うものといってよいであろう。「社会的経済」が19世紀以来のフランス起源の、ヨーロッパ的バイアスのかかった言葉で、わが国に馴染みにくいという難点をもつ一方、アメ

リカの非営利組織を表わすＮＰＯという言葉もアメリカ的バイアスのかかった言葉で、協同組合を除外するなど様々な問題を含んでいる。したがって、近年注目されてきている、第1セクター（公的セクター）、第2セクター（営利セクター）と並ぶ第3セクター（民間の非営利経済セクター）を表象する日本語としては「社会的経済」およびＮＰＯのいずれも適切とはいいがたく、非営利・協同というハイブリッドな言葉が使われるようになったものといえる。

問題はその概念規定であるが、富沢賢治氏は社会的経済組織（非営利・協同組織）の特徴を次の4点にまとめている。

①**開放性**（開かれた組織であること、自発性にもとづく加入・脱退の自由をもつこと）

②**自立性**（政府その他の権力の直接的な統制下にない自治的組織であること）

③**民主性**（1人1票制を原則として民主主義と参加という価値にもとづいて運営される組織であること）

④**非営利性**

　　（1）投機的利潤の排除（利潤獲得ではなく、メンバー相互の利益または一般の公共的福祉の向上を目的とする組織であること）

　　（2）資本に対する人間の優位性（活動の過程と利潤の分配において、資本の権利ではなく人間を優先させる組織であること）

広義のＮＰＯには市場で経済活動を行うものだけでなく、ＮＧＯのようなアドボカシー団体から労働組合、宗教団体、政治団体まで含まれており、なにもかもぶち込んだ感があり、社会学的概念にはなりえても、経済学的概念にはなりえないという問題がある。またアメリカ型の非営利の概念は税法の規定の影響によって「剰余の非分配」が強調されているが、スウェーデンのペストフ（Victor A. Pestoff）がいう「暗黙の回

路」を通じた利潤分配の機会増大という問題もある。そこでヨーロッパ型の非営利の概念では、どちらかというと民主的意思決定ということを重視しているとみられる。富沢氏のものは、資本主義企業の営利追求（for-profit）目的の対立概念としての非営利（not-for-profit）の事業とそのために人々が協同するという非営利・協同の特徴を盛り込んだ最大公約数的なものといってよいであろう。なお、非営利・協同組織の定義と概念化をめぐっては、富沢賢治、川口清史の両氏が立ち入った検討をしている。

　私は近年における協同組合とＮＰＯの活動の接近に注目した上で、非営利・協同組織の範囲を事業型の組織に限定している。それは自立した事業経営として可能な限り独立採算を追求するが、事業の公共性から公的セクターから与えられる補助金や税制上の優遇措置を排除するものではない。しかし、同時に公共性をもった経営として求められる効率性の追求を重視している。それは税として共同の資源を提供する人々から、効率的な使用が付託されているからであり、およそ効率性に欠ける公共性は存立しえないというのが今日の一般的合意となっているからである。同時にまた、目的に対する手段として、剰余＝利潤を獲得することが否定されていないことにも注意する必要がある。それは、その事業目的の達成の度合いと経営の持続可能性を財務的に表わすものだからである。

(3) 医療・福祉の規制緩和と営利化

　さて、アメリカと日本はともに世界の先進国のなかで典型的な非福祉国家とみられている。社会保障給付費の対国内生産比はヨーロッパ諸国の20～30％台に対して、ともに10％台で、際立って社会保障が貧困といわれている。イギリス、ドイツ、デンマークなどが社会保障費の財源を大きく公費によっているのに対して、日本の福祉は家族と企業が公共部門の代替として機能しており、しかも企業福祉は大企業に特有で、中小企業や自営業者との間には「福祉の二重構造」が存在している。

　ここで世界の医療経営のタイプを類型化してみると、①アメリカの場合は市場自由主義に立つ医療経営を基本としており、民間保険による営利病院の料金収入経営と慈善病院などの非営利経営とが並存している。それに対して②ヨーロッパの「福祉国家」では、税金に基づく公的病院経営が中心となっている。③かつての「社会主義」諸国においては国有国営の医療制度が存在していたが、いまや破綻をしている。最後に④日本の場合には、国民皆保険制度の下で、医療費は税金と保険料（プラス患者の一部自己負担）によって賄われる仕組となっており、国公私立すべての医療機関は、医療法において営利性が認められていないので、基本的に非営利組織といえる。

　ところで「わが国の病院は第二次大戦後、私的病院に依存して発展してきた。そのため、数の上では中小病院が優勢であり、200床未満の病院が病院総数の69.5％を占めている（厚生省『平成8年度医療施設調査・病院報告』）。他面……大病院は急増し続けており、最近では私的大

病院の増加が著しい。」といわれる。国民皆保険制度の下、原則として出来高払いをベースにした保険診療が行われているが、すでに1984年の健康保険法改正で特定療養費制度という患者の選択による自己負担の、一種の自由料金制度が創設された。特定療養費という制度は、従来、差額ベッドや歯科の材料費差額など医療の周辺部分を対象に行われていたものであるが、96年の診療報酬改定から医療本体にも適用され、混合診察が入ってきている。200床以上の病院初診料も事実上自由化された。

こうした自由診療の拡大は患者にとっての医療費負担の増大を意味し、貧富の差による医療の二極化を促進する。さらに97年の医療保険制度の改悪では、医療費の自己負担が増大し、「受診抑制」による患者の減少が生まれてきている。保険料の未納者も400万人近くになる。こうして戦後国民皆保険制度が確立し、医療への自由なアクセスを保障するという優れた特徴をもつ日本の医療制度も、今日様々な問題を抱えるようになっている。

しかしながら、政府・財界は社会保障の根幹をなす医療・福祉の分野について、さらに規制緩和、市場化を推し進めようとしている。アメリカ、EUからも30兆円といわれる日本の医療市場の開放が狙われており、GATT、WTOを通じた外圧によって医療ビッグバンが迫られつつある。医療市場には広く医薬品、医療機器、医療保険そして医療そのもの、健康産業、介護福祉サービスなど様々なものが含まれるが、すでに製薬企業では「大競争時代」が始まっている。世界の製薬企業では大合併が進んでおり、ランキングの上位は1位メルク（アメリカ）、2位グラクソウエルカム（イギリス）、3位ノバルティス（スイス）と欧米勢で占められており、日本の製薬企業はトップの武田薬品がやっと14位、三共が19位にとどまっている。ドイツのベリンガーインゲルハイムは、エスエス製薬に対して株式の公開買付け（TOB）を行い、2000年2月16日には35.9％の持株を取得し系列下に収めた。わが国企業に対する「敵対

的買収」の初めての成功例とされている(8)。

　規制緩和論者は医療をハンバーガーと同じものと考え、支払能力による医療の差別化政策と経営の分離論を公然と唱えるまでになっているが(9)、医療・福祉の分野でのこうした流れをさらに促進しようとしているのが、社会保障構造改革、社会福祉基礎構造改革である。98年3月閣議決定の「規制緩和推進三ヵ年計画」は医療・福祉の全領域にわたる「企業参入規制の緩和」を強く前面に押し立てており、行政改革委員会規制緩和小委員会の「規制緩和に関する論点公開」では「営利法人にも医療機関の免許を与えるようにしてはどうか」、「安全性の高い大衆薬に限ってたとえばコンビニでも販売可能にしてはどうか」ということを提起している。そして98年12月15日には政府の行政改革推進本部規制緩和委員会(委員長・宮内義彦オリックス社長)は当面の規制緩和の重点項目として「企業による病院経営への参入を検討し、患者への医療サービスの改善を図る」などの見解をまとめ、本部長の小渕首相に提出した。

　すでに98年の医療法改正で一定の条件の下で医師以外の者でも病院理事長に就けるようになっている。世界6ヵ国で564ヵ所の医療機関を運営するアメリカのトータルリーナルケア(TRC)は医療分野での規制緩和をにらみ、日本国内で医療機関のチェーン展開に乗り出すという。全額出資子会社を日本に設立、既存の医療機関の経営を支援する形で事実上、系列化する狙いという(10)。また、保険会社・シグナとその子会社シグナヘルスケアは、各企業の健康保険組合との契約を通じてアメリカ式のマネジドケアのノウハウを提供する新ビジネスを始めるという(11)。こうして病院のM&Aとチェーン化が始まっているが、経団連は「大胆な規制改革の断行を求める」(1999年10月19日)という提言において、「営利企業による病院の経営、施設介護サービス(特別養護老人ホーム、老人保健施設)の経営」を強調している。そしてやがては健保、国保についても民営化・営利化を進めようとしているのである(12)。

こうしたなか2000年4月よりの介護保険の導入とともに、4.3兆円ともいわれる介護保険市場をにらんで様々な営利企業が参入してきている。ニチイ学館は全国1,000ヵ所の拠点を設ける計画をもち、GOODWILL GROUP（店頭公開会社・資本金136億円）のコムスンは24時間在宅介護サービスの800拠点をオープンさせるほか、デンタル・コムスン、コムスン・トラベル、介護美容など多角的な展開を図り、ケア産業化を目指している。また、セブンイレブンはニチイ学館、三井物産、NECと提携し、全国8,200店のコンビニの店舗を核に、携帯端末を使い、食事の配達、買い物代行サービスなど介護支援に参入するという。こうして介護保険の民間事業者は様々な関連業種との連携を強め、シェアを拡大するとともに、介護保険対象外のサービスを強化し、富裕層の囲い込みを図っている。

　ところで介護保険制度の導入をめぐっては、その内包する矛盾から、非営利・協同運動の側でもその評価をめぐっては意見が分かれ、「積極容認」論から延期論、さらには廃止論に至るまで、様々な意見が生まれた。そしてその先行きについては「空洞化するか？」ということも危ぶまれている状況にある。大きくは公的措置制度の解体、契約制度への移行の評価など、政府・財界の経済構造改革、社会保障構造改革に対する認識が問われているが、この点をめぐっては1998年の日本協同組合学会第18回大会のシンポジウム「福祉社会の創造と協同組合」でも議論の焦点となったところであり、私と厚生省の蟻塚昌克氏との意見が対立した。

　鈴木勉氏はこの点について、介護保険制度は「経済構造改革」に組み込まれた「社会保障構造改革」で、「国家と資本の許容するかぎりでの介護の『社会化』」としているが、重要な指摘である。こうした認識からはその導入への「対応」とその改善のための「たたかい」という二面的な運動の課題が不可避となる。氏は「労働者協同組合や高齢者協同組合の基本的スタンスはどうであろうか。」と問い、「介護保険の指定事業

者になることを否定するつもりはないし、営利資本とのせめぎあいのなかで事業の確立に努力されていることには敬意を表するものではあるが、介護保険の基本設計に関わる代案（オルタナティブ）を提示しつつ、行政と緊張関係を持ちながら、地域づくりの一翼を担うことが必要であり、それがなければ協同組合は指定事業者という名の端末処理業者に堕してしまうであろう。」としている。厳しい言ではあるが、非営利・協同セクター全体に関わる重要な論点であることは確かである。これを受けてか、99年末、日本労働者協同組合連合会からは介護保険制度に対する「政策提言」が発表された。

　また、1999年9月30日には中央社会福祉審議会は「社会福祉事業法等の改正について（答申）」を出し、これにより社会福祉基礎構造改革が進められることになった。社会福祉事業法改正案によると身体障害者、知的障害者、障害児等に係わる福祉サービスに関し、市町村等による措置から利用者の選択による契約制への変更が進められようとしている。その狙いは福祉の公的責任と国民の権利保障を体現する措置制度から利用契約制度への転換、多様な主体の福祉参入、市場競争による「市場福祉」化の全面的な展開である。さらには「身体障害者福祉法」「知的障害者福祉法」「児童福祉法」など関連法が改正され、2005年の介護保険制度の見直しとともに障害者福祉分野も介護保険制度の対象になることが予定されている。

　また、社会福祉法人に関する法改正は社会福祉法人と営利法人との垣根を限りなく低くするもので、ベネッセや電鉄会社などの営利企業の保育事業参入、市場化は、保育についても「権利としての保育」から「消費としての保育」へと変質させているものとみられる。市場における利用者による事業者の選択の自由は、同時に事業者による利用者の選択を意味し、サービス提供者による利用者の「逆選択」が懸念されている。さらに会計区分の弾力化により、措置制度の下での措置費の使途の制約

がなくなり、施設の経営裁量が拡大する。[18]

　二木立氏は、こうしたなかで、1990年前後から全国各地で私的医療機関の開設者が同一法人または関連・系列法人により老人保健施設、特別養護老人ホーム、訪問看護ステーション、在宅介護支援センター、ホームヘルプ事業、有料老人ホーム、ケアハウス、予防・健康増進施設等を開設して、保健・医療・福祉サービスを事実上一体（自己完結）的に提供する動きが生まれていることに注目し、これを「保健・医療・福祉複合体」として概念化し、介護保険はそれに対する強い「追い風」になるものと予測している。そして病院・老人保健施設・特別養護老人ホームの3種類の施設を開設しているグループを「3点セット」開設グループと呼び、これを「複合体」の典型・中核としている。これらのグループは医療施設（病院）と中間施設（老人保健施設）、生活施設（特別養護老人ホーム）を統合することにより、それぞれの地域で保健・医療・福祉サービスを包括的かつ自己完結的に提供できるからであるとする。[19]

　西岡幸泰氏は、さらに包括的に医療・福祉をとりまく現実を分析され、アメリカのA.レールマンにならって「医療・福祉・産業複合体」（Medico-Welfare-Industrial Complex）の形成に注目されている。すなわち、病院・福祉施設を中心に、製薬・医療機器業界、病院寝具・医療食業界、シルバーサービス業界などを広く含めた概念として設定している。病院の経営難、危機が叫ばれるなかで、私立医大病院は急成長を遂げ、系列化を進めている。徳洲会グループなどもアメリカ並のチェーン病院展開を進めている。また、特徴的なのは、国立病院・療養所の統廃合・経営移譲施設を手中に収め、自治体が建設する病院の運営を引き受ける動きがみられることで、「これが営利化の波に呑みこまれると、総合的で一貫した住民本位の地域医療システムがクリーム・スキミングによってずたずたに切り裂かれてしまうだろう。」といわれる。[20]厚生省の「健康・福祉関連サービス産業統計調査」（1993年）によると、医療・福祉を

取り巻く関連業界は、すでに、事業所総数14,809、年間収入総額約2兆円、従業者総数46万5,627人の規模に達している。「エイズ事件」、岡光（元）厚生省事務次官と「彩福祉グループ」との贈収賄事件などにみられるような「医療・福祉・産業複合体」の肥大化、政治家、官僚機構との癒着、寄生に対する国民の監視、民主的規制が強く求められているが、西岡氏はさらにそれに対する対抗力として民主的に運営される国公立の医療機関・福祉施設と非営利・協同組織による医療・福祉事業をあげ、その二つの提携と連帯の必要を強調している。[21]

(4) 医療・福祉の非営利・協同組織

●非営利・協同組織の法制

　ところで日本の非営利・協同組織法制についてみると、民法で営利法人（第35条）のほかに公益法人（第34条）の設立が認められているが、この二分法には様々な問題がある。協同組合などはその両者の中間に位置するものとして中間法人と呼ばれており、個別の特別法で規定されている。農協、漁協、森林組合（農水省）、生協（厚生省）、中小企業等協同組合（中小企業庁）などである。これは省庁別の縦割り行政に基づいた日本的な特徴といえるもので、欧米では包括的な一般協同組合法制をとるところが多い。

　ようやく阪神大震災の経験からアメリカ型のNPOについて特定非営利活動促進法が作られ、「保健・医療又は福祉の増進を図る活動」など12の分野をカバーする特定非営利活動法人（経済企画庁、各都道府県の認証）が生まれたが、税制上の優遇措置がないなど、これも十分なものとはなっていない。そのほか医療に関しては医療法上で医療法人、福祉に関しては社会福祉事業法上で社会福祉法人、教育に関しては私立学校法で学校法人、宗教活動に関しては宗教法人法で宗教法人が非営利法人として設けられている。

　いま「事業所・企業統計調査」（1996年）から日本の国民経済のなかで非営利セクターの占める地位をみると、＜就業者のセクター別構成＞では、当然のことながら営利セクターが52,746千人（84.022％）と圧倒的

に大きな比重を占めている。非営利セクターは4,836千人（7.7％）にとどまっているが、これは国・地方公共団体の公的セクターの5,198千人（8.28％）に匹敵する規模である。＜非営利セクターのうちの産業別構成＞をみると、医療部門が1,405千人（29.05％）、保健福祉が552千人（11.43％）を占めており、合わせて40.43％になる。また＜分野毎のシェアー＞でみると、医療分野では就業総数2,860千人のうち非営利セクターの就業者は1,405千人（49.11％）、保健福祉では929千人のうち552千人（59.4％）となっている。保健・医療・福祉では非営利セクターが公的セクターと並んで過半を占め、大きな役割を果たしていることがわかる。

● 医療法人の現状

　医療・福祉における法人組織についてみると、まずその代表として医療法人があげられる。1950年の医療法改正によって導入されたもので、「病院、医師若しくは歯科医師が常時勤務する診療所又は老人保健施設を開設しようとする社団又は財団」（医療法第39条）とされる。財団医療法人の場合、基金の拠出者は持分を持たないが、社団医療法人の場合には出資者の持分を定めている場合と、持分を定めていない場合とがある。医療法第7条第4項で、「営利を目的として、病院、診療所または助産所を開設しようとするものに対しては、……許可を与えないことができる」としており、また第54条では、「医療法人は、剰余金の配当をしてはならない」としている。したがって、医療法人は一応、非営利法人ということになるが、積極的に公益を図ることを目的としないという理由から、法人税率は株式会社などの営利法人と同じ税率が課せられる。

　それに対して、その事業が医療の普及および向上、社会福祉への貢献その他公益の増進に著しく寄与し、かつ公的に運営されるという条件を満たした財団または持分の定めのない社団については、「特定医療法人」

（大蔵大臣の承認）として租税特別措置法（第67条の2）により公益法人並みの軽減税率が適用されている。また98年には持分放棄と非同族化を要件とした「特別医療法人」（都道府県知事承認）制度が設けられた。病院の経営基盤強化を図るため食事宅配や医薬品販売、寝具レンタルなど12種類の事業が可能とされた。出資持分が放棄されるため相続税の課税はないが、通常の医療法人、個人への後戻りはできなくなる。

　元々、医療法人制度は独立自営業者としての開業医の資本集積促進を目的として制度化されたという背景をもち、1985年に導入された一人医師法人の制度化による個人病院から医療法人病院への転換により、86年以降その数が大幅に増大し、98年3月現在、一人法人が医療法人全体の79％を占めている。しかも医療法人のほとんどは持分の定めのある社団法人（98％）で、その外部に資本の所有者が存在している。持分の定めのない社団は1％、財団法人も1％で、「特定医療法人」は全体の1％にしかすぎない。したがって、その非営利性は限りなく営利に近いともみられている。佐口卓氏は、開業医の性格について、「自由に医療経営を開業できること、および、商品としての医療を提供するかぎり営利性をもつ」[22]としており、西岡幸泰氏は「厚生省は、今のところ医療法第7条『改正』という正面突破作戦を避けて、医療法人に対する規制緩和策によって企業参入の道を開こうとしている」[23]という。

　いま週刊東洋経済の調査による『日本の会社74,000』（99年版法人所得番付）の業種別ランキングで医療法人をみると、1、2位は同じ代表者を擁している東京の板橋区小豆沢の明理会、明芳会で、それぞれ36億円、30億円の所得をあげている。徳田虎雄が率いる大阪の徳洲会が第3位で、これも30億円の所得である。沖縄徳洲会も54位で、5.5億円の所得をあげている。「社会保険・社会福祉関係」では様々な財団法人、社会福祉法人、医療法人から株式会社までが顔を出している。ちなみにその他の「非営利的団体」をみると、財団法人全国法人会総連合の48億円、

財団法人日本船舶振興会20億円など様々な団体が顔を並べていて、一口に「非営利」といっても単純ではないのがわかる。

協同組織性という点についても、医療法人の実態は様々で、後にみる民医連医療機関のように非営利性と協同組織性の両者を備えたものは少ないといえよう。

ここで開業医の団体について一言触れておくことが必要であろう。一般には医療に関する団体としては日本医師会が有名であるが、これは会員約15万人を有する学術専門団体で、開業医（8万人）だけでなく勤務医（7万人）をも含んでおり、国の医療政策に対する圧力団体ともなっている。一方、開業医のみの職能団体に保険医協会がある。これは戦後まもなく健康保険の普及と改善を目指す医師たちの自主的な活動のなかから各県で保険医協会が作られ、1969年全国組織の全国保険医団体連合会（保団連）が結成された。99年9月現在、会員総数92,000人を数え、国民の健康を守る運動と開業医の医療活動と経営をまもる活動を統一して進めている。それと並行してあまり知られていないが、全国各地の保険医協会を母体として中小企業等協同組合法に基づき保険医協同組合が設立され、全国保険医協同組合連絡会が全国11府県で医薬品の共同購入や共済など各種の事業活動を展開している。したがって、開業医も非営利・協同の運動と無関係ではないのである。

● **医療生協**

医療法人以外の医療・福祉における非営利・協同組織についてみると、まず協同組合組織としての医療生協があげられる。生協の本隊としての購買生協に比べると、これまではどちらかというと脇に置かれた存在であったことは否めないところといえるが、全国で約200万所帯の組合員を擁し、病院79、診療所291、老健施設2、訪問看護ステーション109を経営している（1998年5月現在）。そのルーツをたどると戦前の産業組

合の医療利用組合にまでさかのぼりうるが、今日その流れは農協の厚生連病院が受け継いでおり、医療生協はその嫡流ではない。医療生協は戦後1948年に生協法が制定されたのを契機として、厚生連病院と並んで急速な発展をみたもので、1957年日本生協連に医療部会がつくられ、63年からは独自の運動方針により活動を展開してきている。1996年には国際保健協同組合協議会（International Health Co-operative Organization）設立のイニシャティブをとり、21世紀を迎える今日、その存在意義がますます重要になってきている。

　医療生協は生協法人であるから生協法の規定にのっとり制度的には剰余金の出資配当は可能であるが、医療経営の実態としては不可能なのが現実といえよう。一部には定款をもって出資配当を行わないことを明記しているところもある。医療生協の大きな特徴は、購買生協と同じく、「班」を基礎とした組合員の協同活動にあり、1991年に日本生協連医療部会がこれまでの活動を総括し、確定した「医療生協」の「患者の権利章典」にみられるよう、患者＝組合員を主権者とした様々な活動を行っていることである。

　しかし、その班活動も、「その組織率が近年では30％前後で推移しており、また参加率も15％程度である」といわれるような、生協一般にみられる組合員参加の「空洞化」問題をかかえている。医療機関の事業活動には、医療の専門性から専門労働の果たす役割が決定的重みをもち、医療従事者が主導的役割を果たさなくてはならないという性格があり、協同組合の組合員による所有・運営・利用の三位一体という原則の実現が簡単ではなく、主権者であるはずの組合員が単なる利用者（消費者）になりがちで、診療所から病院への規模拡大はさらにそれに拍車をかけることになる。

● 厚生連病院など

　もう一つの協同組合組織である農協には厚生連病院がある。これは県単位の厚生農業協同組合連合会が開設している病院で、114の病院、職員39,751人、うち常勤医師3,416人をかかえている（1997年現在）[26]。厚生連病院のうち、約7割が人口5万以下の地域にあり、市町村唯一の病院は37にものぼるといわれる。そのうちの長野県についてみると厚生連職員4,790人（医師438人）で、4,000床のベッド、県下の医療の約20％を担う県内最大の医療機関となっている。農村医療で全国的にその名が知られた佐久総合病院は長野県の厚生連病院である。

　そのほかの非営利法人としては、民法第34条の公益法人制度に基づいた公益法人病院がある。税法上の収益事業から生じる所得について22％の軽減税率が適用されている。また、宗教活動の一環として、あるいは信者に対する医療を目的とした宗教法人病院や生活困難者に対する低額診療病院として済生会などの社会福祉法人病院があるが、本来の目的を徐々に終えつつあるといわれる。医師会立病院というものもある。

　さらに学校法人に属する私立医大の附属病院も非営利病院といえるが、矛盾に満ちた存在である。医学部をもつ私大は常に国庫助成の上位を占め、公費に大きく依存しているが、慶応義塾の6億円をトップに、東京歯科大、東京医大、東京女子医科大学、慈恵医大など有名私立医大はそろって億単位の所得をあげており、営利経営と批判されかねない部分がある。

　公的セクターの非営利病院としては国、公立病院があり、民間病院との間に競争が存在している。しかし、そのほとんどは赤字で、一般会計から病院特別会計への補助金の繰り入れが行われているが、それには高次医療、難病や行政的医療などの不採算医療への対応という社会的必要性が認められ、一概にこうした公的医療機関の存在意義を否定すること

はできない。国立大学附属病院についても、ほとんどが赤字で、財政投融資からの借入残高が99年度末には１兆円を超える見通しといわれ、総務庁は経営改善勧告をしている。

● 地域福祉とネットワーク化

次に地域福祉についてみると、生協では以前から「くらしの助け合いの会」が組織されていたが、家事援助を中心としたものに限定されていた。しかし最近では、ちばコープの「おたがいさま事業」のように商品・利用事業、共済事業と並ぶ核事業の一つとして位置づけ、子育てから生活の全般にまでわたる多岐な内容をもつようになってきている。コープこうべのように以前から社会福祉法人を設立し、組合員の施設介護に乗り出しているところもあったが、最近ではコープかながわが「コープ福祉センター」を開設し、デイサービス（通所介護）と24時間巡回型ホームヘルプサービス事業を開始するという。これらの事業はコープかながわの直営で、これまでのワーカーズコープへの委託によるホームヘルプサービス事業、組合員のグループや個人によるボランティア活動に加え、多彩な活動に取り組むようになってきている。また鶴岡では、共立社鶴岡生協と庄内医療生協に加え、高齢者協同組合などとの共同の取り組みが広がってきている。生協の経営をめぐる厳しい状況のなかで、「生協の存在意義に関わる重要な事業」として福祉活動事業化の動きが活発になってきているのが注目されるところである。

医療・福祉における非営利・協同組織ネットワーク化の先進的な取り組みとしてよく知られているのは、農村地域では信州上田での厚生連による保健・医療・福祉事業の取り組みがあり、都市部では東京都足立区での柳原病院による取り組みがある。

●**高齢者協同組合とNPO**

　こうしたなかで社会的関心を集め、その動向が注目されているのが、高齢者協同組合であるが、そのなかでも「企業組合三重県中高年雇用事業団（労働者協同組合）」を母体とし、1995年8月いち早く生協法人格を取得し、全国の高齢者協同組合の先駆けとなった三重県高齢者協同組合は、設立の理念として「自助」「公助」「協助」の「三助」結合という考え方により、住民と行政との連携の追求を前面に出している。塚本一郎氏の調査によると[31]、現在その会員の多くは事業団関係者以外の住民から構成されているといわれる。出資金一口5,000円と年会費1,200円で、1999年12月末現在の組合員数1,370人、出資金770万円で、主な事業は松阪市を中心に①ホームヘルプサービス、②配食サービス、③住関連サービスなどであるが、2000年2月には、関連団体としての社会福祉法人「三重高齢者福祉会」による在宅複合施設「協和苑」を完成させ、デイサービス、ショートステイを中心に、複合型老人福祉に乗り出している。建設資金4億円のうち3億円は国・県・市からの補助で、残りの1億円は組合員、事業団、全日自労からの寄付でまかない、医療福祉事業団からの借入れが5,000万円という。現時点では事業的にも組織的にも、未熟な点がまだ多々あるとみられるが、こうした先進的な事例からも、非営利・協同セクターと公的セクターとの連携が現代の地域福祉において不可欠な条件になっていることがわかる。

　草の根の市民運動に根ざす医療・福祉のネットワークづくりも枚挙に暇のないほどで、「人格なき社団」としての非営利の住民参加型在宅福祉サービス団体は、1997年度の全国社会福祉協議会の調査によると、全国で約1万2千に達するという。1999年9月1日現在でNPO法人認証をえた479法人を対象に行った調査によると、NPO法に定める12分野で、一番多く該当しているのは「保健・医療又は福祉の増進」で、66.1

％にも達しているという。「1983年老人保健法施行当時、岩手県沢内村の保健・医療活動に瞠目していた時代とくらべてみると、今日における『非営利・協同組織』の力量は、まさに隔世の感がある。」と高く評価されているところである。

　以上が今日の非営利・協同組織による医療・福祉活動のスケッチであるが、客観的にみてサービスの質を初めとし、経営力まで含めたすべての面において、常に非営利・協同組織が営利企業に優っているとばかりはいいきれない現実もあろう。期待と現実のギャップを厳しく自己点検してみることが必要となる。「いわれていること」と、実際に「行っていること」とのギャップが大きくなると、その存在意義までが問われかねないことにもなる。従来、社会福祉法人では様々な不祥事の発生がみられたが、これは同族経営や行政の下請化と補助金獲得のみを目的とした官僚的規制との癒着が生み出したもので、非営利・協同組織のガバナンスと経営の透明性が問われるゆえんとなっている。こうした社会福祉に対する官僚的規制は厳しく批判され、民主的な行政改革と非営利・協同組織の民主的運営が目指されなくてはならないものといえよう。

●労働者協同組合とワーカーズ・コレクティブ

　現在、非営利・協同組織のなかで、協同組合法制、ＮＰＯ法制のいずれからも疎外されているものに、労働者協同組合（ワーカーズ・コープ）と生活クラブ系のワーカーズ・コレクティブがある。ともに縦割りの協同組合法制では受け皿が与えられていないものである。前者は全日自労の労働組合運動からスタートし、政府による公的就労事業の打ち切りのなかで、公園緑化事業、病院清掃事業、ビルメンテナンス事業、生協物流事業などから、最近では高齢者協同組合を立ち上げるとともに、地域福祉事業所づくりを進め、高齢者介護事業に乗り出すなど、医療・福祉関連の事業に力を注いできている。多くのところでは事業上の必要から、

中小企業等協同組合法による「企業組合」法人を取得しているが、特段のメリットもなく、なによりも労働者協同組合本来の趣旨を表わす法人ではないとされ、日本労働者協同組合連合会では「協同労働」という概念を基軸に据えた、独自の「労働者協同組合法（第１次）案」(1997年６月)を作り、法制化の運動を進めている。

　また、後者の女性たちのワーカーズ・コレクティブも、協同組合の一員でありながら、現状の法制ではワーカーズ・コレクティブという新しい概念の協同組合を認知する協同組合はないとし、独自の「ワーカーズ・コレクティブ法案要綱」（第１次案1997年９月、第２次案99年11月）を発表している。新しく作られたＮＰＯ法についても、かなりの団体がＮＰＯ法に該当するが、全員が出資し、働き、応分に責任を担うという組織形態のため、現状ではＮＰＯ法人格の申請はできないとして、次のような問題点を指摘している。①ＮＰＯ法のなかでは雇用労働とボランティアの二つの「働き方」しか位置づけられていない、そのため自主管理・自主決定を尊重した主体的な働き方を目指すワーカーズ・コレクティブが、ＮＰＯ法人格を取得するためには、定款を変えることを余儀なくされるということ、②ワーカーズ・コレクティブでは、市民自らが事業を起こすために必要な資金を自らが出資しているが、ＮＰＯ法には「出資」の概念はないということ、③準備金や積立金などの留保ができない、などである。

　労働者協同組合法の実現のためには、小異を捨て大同につき、非営利・協同セクターの総力を結集するとともに、広く社会の理解と支持をえなくてはならないであろう。独り善がりでない、開かれた論議が求められるゆえんである。

(5) 民医連運動の到達点とその特徴

●民医連運動の新しい展開

　ところで戦後わが国では、「民医連」(全日本民主医療機関連合会)と呼ばれる医療機関の連合体が結成され、その加盟院所が全国各地で目覚ましい活動を展開してきている。私はかねてからその活動に注目し、民医連運動こそわが国が世界に誇るべき医療・福祉における非営利・協同の実践ではないかと考えてきている。民医連医療機関は「働くひとびとの医療機関」として、厳しい日本の医療環境のなかにあって日常的に「差額をとらない医療」を原則的に守り続け、さらにはホームレスの人々の医療に取り組むなど医療の公共性を追求してきている。そして阪神大震災時には、傘下の医師職員1万人以上が「どの公的医療機関よりも機敏に支援活動に参加した。」(36)といわれる。

　こうしたなかで民医連は1998年の第33回総会方針のなかで「地域に『人権と非営利』を目指す共同の輪」ということを提起し、組織内での討論を呼びかけた。そして2000年の第34回総会方針では、「21世紀初頭の課題」として「人権をまもる医療活動と福祉分野のとりくみ」をあげ、①「『非営利・協同』について実践の中で深め、ひきつづき学習と論議を行う」ことを提起するとともに、②「地域の中での民医連院所・施設の存在意義を問い直そう」として「より開かれた民医連」へということを強調している。そしてさらには③「『働きがい』と『院所・施設の発展』を統一し」として、「社会的使命と職員の『やりがい』『生きがい』が統

一されなければならないことを強調し、最後に④新しい平和・福祉の国づくりのとりくみとして、「連帯」と「共同」による「『安心して住み続けられるまちづくり』の実現」を打ち出している。これは長年にわたって築いてきた伝統を踏まえるとともに、新たな飛躍を呼びかけるもので、わが国における非営利・協同の運動の最前線に立つものと高く評価することができるものである。

●そのルーツ

そこで次に、こうした民医連運動のルーツをたどるとともに、民医連が戦前から戦後にかけてその伝統をどう受け継ぎ、今日の時代の要求に応えてどう発展させようとしているかを、明らかにすることが必要となる。戦前の階級的医療運動として注目すべきものに無産者診療所運動があったことについては、様々な歴史の証言が伝えているところである。とりわけ山本宣治の暗殺を契機に雑誌『戦旗』に出された「労働者農民の病院をつくれ」のアピール（1929年4月）は、無産者診療所設立運動が全国に広がる契機になったといわれる。そして激しい弾圧のなか最盛期には全国で1病院、23診療所を擁するまでになったという。だが、今日との比較で一つだけその特徴を挙げておくと、それは階級的な意識をもった少数の先進的な医療関係者の運動にとどまり、戦後に見られるような大衆的な民主的医療運動とは大きく異なっていたということである。それは「無診以外の一切の機関を欺瞞的医療機関」であると規定し、「階級的な立場」から全面的に開業医を否定する医療の社会化運動を打ち出していたもので、セクト的な医師敵論、医療国営論に立っていたともいわれる。[37]

戦後に目を転じると、敗戦とともに様々な民主運動が澎湃として沸き起こってくるが、無産者診療所の伝統を受け継いだ医療機関の活動も全国各地で復活をみる。東京においては、1946年5月に、全国に先駆けて

板橋に東京自由病院（現在の小豆沢病院の前身）が、次いで同年9月に札幌に全駐労（ＯＬＵ）北海道地方本部診療所、同年11月に日本共産党代々木診療所（現在の代々木病院の前身）が開設された。1947年7月に日本教具診療所（現在の大田病院の前身）が開設され、1948年11月に日本労農救援会（現在の国民救援会）による芝診療所（現在の芝病院の前身）が開設された。

　有名な代々木病院についてみると、軍医として中国戦線に送られ、八路軍の捕虜となり、戦後復員した佐藤猛夫が、共産党本部のなかに「共産党診療所」という看板を掲げて運動家や勤労者に対する医療活動を始めたのが次第に大きくなり、「共産党病院」から「代々木病院」へと発展したものである。1993年には代々木病院、東葛病院、みさと協立病院が合同して新たなスタートを切ることになった。診療所、看護学校を含む大規模な医療複合体としての医療財団法人・東京勤労者医療会の誕生である。こうして当初共産党の診療所として出発したものも、やがて共産党の所有を離れて、民主的集団所有の形態に変わっていった。[38]

　こうした医療機関が1953年に全日本民主医療機関連合会を結成し、全国的に連帯した運動を展開していくのであるが、「民医連の誕生は、日本の歴史そのものだった。」ともいわれる。「敗戦直後の荒廃の中で、貧しい人たち、当時の未解放部落の人たち、在日朝鮮人の人たちなど、他の医療機関では患者としてあるいは人間として正当に扱われない、あるいは医療を受けられない人たちの生存権を守ろうと、地域の労働組合や住民、医師をはじめとした医療従事者が献身的、自己犠牲的に立ち上がったのが、そもそもの始まりだった。」そのなかには国立病院を「レッドパージされた医者や看護婦さんが自分たちのお金をつぎ込んで、事務長も婦長も生活保護を受けながら、地域の人たちと力を合わせて『民主診療所（民診）』を開設した。」[39]ものもあったといわれる。

●その到達点

　その運動の大きな特徴は、「社会的使命」として「働くひとびとの医療機関」を目指し、民医連綱領（1961年）の下に結集していることである。そして現在、民医連医療宣言の策定に取り組んでいる。また、民医連の組織としての特徴は、参加医療機関の法人形態としては生協法人、医療法人、公益法人など様々であるが、しかし、民医連そのものは法人組織の連合体ではなく、運動体として院所毎の参加となっているところにある。したがって、「民医連は医療機関の連合会ですが、経営者の団体ではありませんから、『医療機関の代表』だけでなく、職員の代表による構成という両方の視点を統一」しているといわれ、文字通り非営利・協同の「民主的集団医療」の実践を体現するというユニークな性格をもっている。さらに全国組織として連帯している優位性は、全国連合会、地方連合会の運動上、経営上の指導性、人的、金融的支援機能にみられる。

　半世紀の歴史をへて2000年を迎えた今日、民医連の医療分野における到達をみると、医師、看護婦、その他の技術職、事務職員などからなる雇用者数の合計が約46,000人、うち「医師・歯科医師がおよそ3,300人、院所数は病院が153、診療所が498、院所・学校その他の施設を合計すると1,300ヶ所以上になる。ベッド数は26,000床強、訪問看護ステーション264、一日外来患者数11万5千人強、一日入院患者数26,000人強となっている。日本の医療全体に占める割合はおよそ2.3％」といわれる。またその規模を日赤、厚生連、済生会など全国的な主要医療機関と比べてみても、優に超えるものとなっている。また、民医連院所は社保協（地域社会保障推進協議会）や高齢者運動連絡会など地域の医療・福祉に関わる共闘組織の中核となって活発な運動を展開している。

　民医連独自の大衆運動性という点では「共同組織」が注目される。最

表5　民医連と主な医療団体との比較

◉病院数
- 民医連　155
- 日赤　91
- 厚生連　114
- 済生会　72

◉診療所数
- 民医連　446
- 日赤　3
- 厚生連　53
- 済生会　13

◉ベッド数
- 民医連　26,206
- 日赤　40,034
- 厚生連　37,847
- 済生会　20,808

◉職員数
- 民医連　42,735
- 日赤　44,918
- 厚生連　39,751
- 済生会　27,715

◉一日平均外来患者数
- 民医連　99,578
- 日赤　85,000
- 厚生連　89,357
- 済生会　42,132

◉一日平均入院患者数
- 民医連　24,923
- 日赤　35,000
- 厚生連　31,830
- 済生会　17,913

民医連：病院・診療所数は97年1月
　　　　患者数は96年3月度
　　　　他は96年4月度
日　赤：95年度資料
厚生連：95年度資料
済生会：95年度資料

出所）『民医連綱領・規約・歴史のはなし（1997年改訂版）』㈱保健医療研究所、1997年、14ページ

近時の調査報告によれば、①組合員組織によって成り立っている医療生協の組合員1,899,202世帯と、②生協法人以外の法人にも友の会などの会員624,010人がおり、③社団法人の社員組織41,314人と合わせると、総計2,564,526人という巨大な組織になる。民医連ではこれら全体を「共同組織」と呼んでいるが、1999年11月現在では264万人に達する規模となっており、300万人への組織拡大が目指されている。

●介護保険制度への対応

　各院所は現在、高齢社会の到来と介護保険制度の導入への対応として、医療から福祉への戦略的展開を進めており、福祉の市場経済化を前に営利企業との競争においても非営利目的の医療機関としてその最前線に立っている。その具体的な形態は九州の筑豊医療団のように「助け合いの会」から発展してＮＰＯ法人の認可を取るもの、東京の健生会・立川相互病院のように「共同組織」の「ヘルパーステーション・コスモス」がＮＰＯ法人「地域福祉サービス協会・あーす」を生み出すもの、広島中央保健生協のようにたすけ愛の会「青い鳥」がヘルパーステーションを運営するなど様々であるが、こうしたなかで地域のネットワークづくりが重要な課題となってきている。

　中野区の健友会では諸団体でつくる「非営利・協同懇話会」に参加、共同で行政へ働きかけ、ヘルパー事業の発展方向を探りたいとしており、99年7月に開設した健友会ヘルパーステーション「ほっと」では「医療機関がやっているので安心できる」と、患者にも新しく登録したヘルパーにもいわれ、報酬は高くないが、病院がやっていることがヘルパーに働きがいを提供しているという。東京北部医療生協の浮間診療所では地域にある区の特養ホームや在宅介護支援センター、保健センター、民間の老人保健施設、訪問看護ステーションとともに、学習と交流会を積み重ね、地域への有効なアプローチを目指したネットワークづくりを行っ

てきている。こうしたヘルパーステーションづくりを通じて、デイケア・ボランティア、給食サービス・ボランティアなどボランティア活動も活発化してきている。また埼玉県の三郷市には勤医会の「みさと協立病院」と、健和会の「みさと健和病院」があるが、これまでほとんど付き合いがなかった両病院が市長選挙を契機に共同した取り組みを始めているという。

　足立区で在宅ケアの先駆的実績を持つ特定医療法人財団健和会・柳原病院では、1994年厚生省の助成研究事業「訪問看護ステーションによる24時間在宅ケアシステムのモデル事業」（看護婦とヘルパーがペアで行う24時間巡回型在宅ケア）を行うに当たって、会社形態のファミリーケアという組織を立ち上げ、99年末ですでに5年間の実績を積んでいる。この1年間で北千住地域以外に、新たに7ヵ所のケアステーション（訪問介護事業所）を開設、経営や運営の面ではいまだに悪戦苦闘しているというが、着実な歩みを重ねている。健和会自体も東京の東部地域から千葉県、埼玉県へと広域的に展開し、いまや30ヵ所に及ぶ医療・介護機関をもつまでになっている。

　こうして97年12月から99年12月までの2年間に、民医連の老人医療・福祉分野では老人保健施設が12から26へ、特別養護老人ホームが3から4へ、訪問看護ステーションが195から345へ、在宅介護支援センターが15から43へと大きく増大してきている。

● 非営利目的と民主的集団所有

　ところで、こうした民医連院所についても、非営利・協同組織の経営論の視点からみるといくつかの問題を指摘することができる。まず第1に非営利目的についてであるが、民医連運動は民医連綱領に具体化された「社会的使命」を目的とした医療従事者の主体的な運動で、ＮＰＯ性を持っている。その意味では「使命共同体」ということができ、またそ

の組織は「同志的結合体」ともいえるものである。しかも、公共性をもった医療経営を運動の存在形態としているところにその特殊性があり、いわゆる「民主経営」一般に解消されえないものといえる。

第2に民主的集団所有ということであるが、この点に関しては生協法人についてはそういえても、それ以外のものについてはどこまでそういえるかが問題となろう。生協法人は組合員が主体となって出資、経営、利用を行うもので、本来的に民主的集団所有に基づいた参加型組織である。それに対して医療法人や公益法人の場合には、一般には創業者が中心となった創業者支配がみられ、社団でも出資金の持分を有する社員が管理運営においても中心となっている。財団や持分のない社団の場合については、理事会によって管理運営が行われるが、実態は創業者支配から民主的な参加制度のあるところまで様々なものがあるといえよう。

民医連医療機関の場合には、志を抱いた医療関係者の力だけでなく、地域の支援団体の協力など様々な背景があり、法人形態の違いは別として、共に民主的集団所有が形成されているといえる。先の調査報告からみると、1995年度の出資金・基金総額は323億2,401万円で、1990年度の184億2,402万円と比較してみると1.75倍になっている。そのほか有利子借入金が583億52万円、無利子借入金が45億5万円で、それぞれ0.96倍、1.87倍となっている。資本形成の面でも大きく前進している。民主的集団所有は、病院建設の資金調達という点からは決定的な重みをもってくるが、非営利・協同組織においては1人1票制の原則に立っている限り、およそ資本家的所有がもつような拠出した資金の大小による意思決定への影響は存在しないと考えられる。

生協法人と医療法人とを比べると、組合員組織をもつ生協法人の方が大衆的基盤の点で本来的により広いものがあるといえよう。医療法人が医師、看護婦など医療専門家の呼びかけで設立されるとき、その実体は労働者協同組合に近いといえるが、最近では先ず初めに「共同組織」の

表6　民医連院所の発展

	病院	医科診療所	歯科施設	準ずる組織	職員数(前年4月)	共同組織(前年4月)	医業収益(翌年3月末)
1990年	156	298	56	37	33,691	1,324,640	3,031億円
1992年	156	316 (+18)	65 (+9)	47 (+10)	36,299 (+2,608)	1,519,445 (+194,805)	+787億円 3,818億円 126%
1994年	155 (−)	335 (+19)	74 (+9)	75 (+28)	38,557 (+2,258)	1,820,449 (+301,004)	+478億円 4,296億円 113%
1996年	154 (−1)	371 (+36)	79 (+5)	212 (+137)	41,285 (+2,728)	2,101,666 (+281,217)	+398億円 4,694億円 109%
1998年	154	399 (+28)	82 (+3)	390 (+178)	44,654 (+3,369)	2,348,616 (+246,950)	+108億円 4,893億円 102.3%
2000年	152 (−2)	460 (+61)	95 (+13)	654 (+264)	47,943 (+3,289)	2,571,124 (+222,508)	99年度上半期モニター 102.0%

出所）『月刊民医連資料別冊』2000年3月、3ページ

友の会の設立を呼びかけ、賛同者が2,000人位になってから、診療所を立ち上げる事例が多いという。友の会会員のなかから社員になるものが出てくると、実態としては組合員を中心として設立される生協法人との違いもそれほど大きくもないとみられる。したがって、所有の形式よりも管理運営に関わる意思決定のあり方が問題となってくる。

● 民主的管理運営の課題

そこで次に、第3の民主的管理運営の課題に関して医療生協と医療法人とを比べてみると、医療生協は組合員の参加を重視する組織で、組合員の主人公性が理念的には明確になっている。しかし、大規模化とともに、経営は専従者の手に委ねられ、官僚主義が発生し、組合員参加が「空洞化」しがちなことは、農協や購買生協などの協同組合の事例をみれば明白である。さらに問題点は職員の参加が制度化されていないこと

である。もちろん、職員も組合員となってはいるが、それは利用者の一人としての資格で、労働者としての資格ではないので、総代会などでの発言権は限られてくる。(47)

一方、民医連の医療法人では友の会が作られ、利用者の声を吸い上げる仕組みができている。大衆債など資金調達の上でも協力がなされているが、生協法人と比べた場合、法制度上における利用者の参加の位置づけに限界のあることも明らかである。制度的には組織の外部者であり、どこまで意思決定への参加ができるか問題が残る。

したがって、生協法人、医療法人の別を問わず、民主的管理運営は共通した課題となってくる。いま、「共同組織」の医療・経営活動を先の調査報告からみると、友の会組織が「理事会へ組織として意見をあげている」、「評議委員会、理事会に参加」、「定期協議会・法人評議委員会への参加」、「理事の経営活動についての学習会・法人全体での経営活動を考えるシンポ」、「毎回管理部からの経営状況の報告を受ける」など積極的な取り組みのみられるところがあるかと思えば、調査用紙の回答が空欄になっているところもあり様々である。その実態が各院所における民主的管理運営の水準を物語っているものといえよう。

「共同組織」の班への組織率（組織数÷構成員数）をみると、最近では97年度の16.40％から98年度には12.64％に下がってきているのが問題となる。また、職員が「共同組織」に加入しているところが民医連固有の特徴となっているが、県連単位でのその加入率は10％台のところから100％に達しているところまで地域によってアンバランスが目立ち、全体としては64.8％の加入比率になっている。課題が残されているといえよう。

職員組織においては、ワンマン経営や現トップが次期トップを指名するという一般の非営利・協同組織においてよく問題になる「慣行」の弊害を防ぐためには、理事会の確立と後継者の育成、役員交代のルール化

とともに、情報の完全公開・全構成員による共有が重要になる。この点に関し民医連は「全職員参加経営」を目指しており、道北勤労者医療協会の山田浄二氏は「一円の単位まで全職員に経営を公開して、その使い道も予算も全職員みんなで討議して決めています。」と述べている。

道北勤医協の場合、150人の出資社員としての職員と、25,000人の終身の友の会員を組織の中核としている。前者は「労働者協同組合員」に当たり、後者は「利用者協同組合員」に当たるものといえよう。山田浄二氏は「協同という点では勤医協の運動というか民医連の運動というのは、（医療労働者の協同と住民の協同の）二つの協同の運動の結合体であると私は自己認識しています。」といい、「この二つの運動主体の在り方は（モンドラゴンの）エロスキ（複合協同組合）に良く似ている。労働者の協同の理念の高さと、市民の協同の大衆性というスタイルは、事業を伴う運動においては普遍性があるのでは、と深く考えさせられる」と述べている。

また医療生協の場合についても、日野秀逸氏は「わが国の医療生協は、法律上は消費生協ですが、実体は住民・患者という消費者と、職員という労働者の、総合的な協同組合になっているということもできます。」とし、「消費者協同組合と生産者協同組合という2つの協同組合の利点を結合して発展させるという視点が不可欠になる」としている。

以上のようにみてくると、民医連の民主的管理運営も個別経営毎に多様な実態にあるとみるのが正確で、完成したものではない。したがって、構成員間の無葛藤理論は正しくない。一方、営利企業との単純な同一視もまた正しくない。将来的には医療の公共性の実現と民主主義の発展を展望して、法人形態の如何にかかわらず複合協同組合モデルの形成を志向すべきものということができ、参加形態のより一層の探求と具体化はこれからの課題といえよう。

●財務管理上の問題

　第4には財務管理上の課題がある。非営利・協同組織では一般の企業と同様、科学的管理ということが強調されているが、必ずしもそうなっているとは限らない。民医連でも過去には1983年に130億円の債務超過におちいった山梨の公益社団法人勤労者医療協会や85年に不渡手形を出し、92年3月末なお130億円の債務超過を抱え、現在も苦闘している北九州の財団法人健和会の事例にみられるように、時に経営破綻が大きな問題になっている。その背景には経営トップの独走、医師、職員はトップにお任せ、過大な投資や赤字にも無関心という、およそ科学的管理とは無縁な実態がみられた。組織の大規模化とともに組織内部でも管理労働と執行労働との分化が生まれる。情報のトップへの集中、指揮・管理のトップダウン、現場からのボトムアップの閉塞状況、中間管理者のミドルアップ・ダウンの無機能化が生まれる。

　非営利・協同組織は絶対に赤字を出してはならないとはよくいわれることであるが、現実には信じられないような巨額の赤字を抱えていることも稀でなく、どうしてこうなるまで放置されてきたのか信じられないようなこともある。最近も1998年末に大阪で耳原総合病院をかかえる同仁会の「前倒産」という事態が発生した。これには全日本民医連の総力を挙げた支援が行われ、協力債30億円が集められた。管理部が適時に問題を提起してきたか、医師集団が決定に参加してきたか、大学病院だけに目がいって、地域をみていなかったのではないか、ということが問題とされ、「医療と経営の乖離」「医療と地域の乖離」「理事会と職場の乖離」が明らかとなり、「医療・経営構造の転換」が課題とされている。現在、民医連の院所では、内部管理の目的に独自の統一会計基準による院所独立会計、部門別損益計算の確立を目指している。

● 労働組合の問題

　最後に、第5として労働組合問題がある。民医連では60年の第8回総会で「内部に基本的に搾取は認められない」との統一見解を打ち出して以来、今日まで受け継がれてきている。一方、民医連医療機関の労働組合はそれぞれの歴史的経過から医労連や全国一般に所属しているが、その活動は活発で、労働者の権利擁護、生活防衛機能を果たしてきているといってよい。経営に対するストライキ闘争も珍しくなく、時には労使関係は緊張したものとなり、そのしわ寄せが患者の上にかぶせられることもないわけではない。そうなるとその「社会的使命」の実現そのものを危うくしかねないことにもなる。

　労使間の対立は現在の医療をめぐる構造的な矛盾がその背景となっていることからその解決は簡単ではないが、経営の目的と労働の目的との一致に経営の強さや力の源泉をみいだすためには、働きがいを生み出すための職員参加が重要となる。そして患者・利用者を視野において、具体的状況に則して現実的な解決が図られなくてはならないものといえよう。しいていえば労働組合の経営へのチェック機能、経営改革への取り組みの機能が弱いというところが問題となろう。経営への対決姿勢が前面に出て、参加への消極的姿勢が目につく。これは労働組合運動全体の現状のしからしめるところともいえるが、当面する経済民主主義の実現という課題からやがては「経営の主人公」になるという展望をもって活動しているかどうかが問われよう。

　非営利・協同組織は一般に中小企業といってよく、民医連医療機関も同じである。ここでは大企業の経営や公務部門と異なった、中小企業型の労働組合運動が求められてくる。すなわち、一面「対決」と一面「協力共同」という運動路線がとられなくてはならないはずである。自立性を持たない労使協調型と単純な労使対決型との克服が課題となる。また、

「医療活動が先か、労働条件の改善が先か」というよく問題になるものについても、単純に二者択一的にとらえるべきではないといえよう。人の生命と健康を守る仕事の重みをふまえるとき、「患者の基本的人権」を優先し、「職員の基本的人権の制限が必要」とする大島慶一郎医師の言葉は過激で、人によっては問題と感じ、労働組合からの反発も予想されないではないが、それなりの見識といえよう。こうした患者本位の考え方は、患者の生命に直接関わる医師の仕事から生まれてくるもので、補助的あるいは間接的な仕事の看護婦、医療技術者、事務職員などとの間に矛盾の生まれてくることも考えられないではないが、共に医療の担い手であることには変わりなく、その矛盾は具体的状況に則して解決される必要があろう。

(6) 有田光雄氏の民主経営論について

　以上みてきたように非営利・協同という概念が学問的にも、運動論的にも、市民権をえて広がっていくなかで、雑誌『経済』1999年1月号は、川口清史、角瀬保雄、浜岡政好、鈴木　彰の4名の参加により、「『非営利・協同』の探求」と題した座談会を開いた。この企画は、各人がそれぞれ分担して問題提起をし、議論を通じて問題の理解を深めるというものであり、必ずしも出席者相互間での論争を意図したものではなかった。しかし、結果的には、研究者の3名と労働運動家との意見の違いが際立つものとなった。その後、雑誌の「読者の声」欄に多くの賛否の意見が寄せられたように大きな反響があったが、積極的なものばかりではなく、一部に強い反対の意見もみられた。これが非営利・協同をめぐる今日の状況といえよう。

　ところで、かねてから民主経営について活発に発言をしてきた論者に有田光雄氏がいる。氏は労働運動の実践家、理論家として知られているが、とくに近年では『民主経営の管理と労働』（同時代社、1996年）『民主経営と労働運動』（同時代社、1997年）、『非営利組織と民主経営論』（かもがわ出版、2000年）という著作を連続して刊行されている。氏と同じく民主経営に関心をもつ一人として、私にとって氏の存在は貴重で、共感するところも多かった。しかし、最近著の『非営利組織と民主経営論』については、一定の積極面を持ちながらも、その非営利・協同論に対する批判については、大きな問題が含まれていると考える。同書は若干の講演記録を別にすると、富沢賢治氏のブックレット『非営利・協同

入門』、雑誌『経済』での座談会「非営利・協同の探求」と協同組合総合研究所の「生協労働組合研究会」での小野塚知二氏の報告に対する批判が中心となっており、先の座談会での私見に対しても批判的見解が表明されている。全体として氏独特の民主経営論をもって非営利・協同論を批判するものとなっている。したがって、最後に氏の見解に対する回答が必要になる。

　氏は冒頭、「もともと非営利・協同論は科学的社会主義の学説とは異なる学問体系の所産なのである。」「民主経営論と非営利・協同論とは明らかに思想的源流を異にしている」「現在の非営利・協同論が、科学的社会主義の原理の『修正』を前提にして構築されている事実には強い関心をもたないわけにはいかない。」(56)と宣言し、非営利・協同論はまぎれもなく「科学的社会主義からの訣別『宣言』」(57)であるとする。ここで氏と科学的社会主義論争をする余裕はないが、科学的社会主義とは人類の積極的な遺産のすべてを受け継ぐもので、そしてなによりも現実が提起する問題の分析をとおして、社会変革の運動への指針を提起するものである。それは決して閉ざされた教条の体系ではないはずである。思想的源流なり学問的系譜なりを異にするものについても今日的に評価し、価値あるものは科学的社会主義の内に包摂することが重要であると考えている。現在までのところ、非営利・協同論についての科学的社会主義の立場からの研究は始まったばかりで、十分な評価と位置づけを確立するまでにはいたっていないといえるが、私は以上のようなものとして科学的社会主義を考え、そうした立場から非営利・協同論について考えてきている。

　氏はきわめてプラグマチックに「非営利・協同の思想的源流さえきちんとつかんでさえいれば、このカテゴリーは、民主経営の実態をより効果的に表現するという利点がある。」とし、「わが国では、このような換骨奪胎……の事例がないわけではない。たとえば、経済民主主義である。」(58)「非営利・協同のカテゴリーについても、このような換骨奪胎が可

能でないはずはない。」としている。

● 「階級的視点」について

　それはともかくとして氏の批判の矛先は、主に冒頭で紹介した富沢賢治氏による非営利・協同組織の「四項目規定」に向けられる。次いで雑誌『経済』の座談会の批判へと展開している。富沢氏の所論に対する有田氏の批判には重要な論点がないわけではないが、それについては両氏に委ね、ここでは私自身に関わる限りで反論することにしたい。有田氏が非営利・協同論について最も問題としているところは、「階級闘争の見地がまったくといっていいほど欠落している」ところにあるとする。私に対する氏の批判もこの点におかれている。

　国家、市場、市民社会と非営利・協同組織のいずれについても、資本主義社会の存在であることはいうまでもなく、したがって資本主義的階級関係によって規定されていることは当然である。したがって、氏のいう階級的視点の重要性についても社会科学の当然の前提といえる。しかし、問題は現実の分析のなかで階級的視点をどのように具体的に展開するかということである。階級的視点ということを言葉の上で一般的に強調したからといって、それで医療・福祉の問題の解明と解決が進むわけではない。世の非営利組織論、協同組合論のなかには階級的視点が希薄なものがないわけではないが、単純な労使の階級対立、搾取論をいっていれば、それで済むものでもない。現代における階級闘争の課題、医療・福祉における階級矛盾の現われを具体的・現実的にとらえることが重要なのである。そうした観点に立った場合、すでにみてきた規制緩和、市場化、営利化と非営利・協同運動との対抗関係は、階級矛盾の今日的現われの、最も重要な局面となっているのである。したがって、有田氏の議論は階級闘争の今日的多様性・複雑性をみない、きわめて単純な議論といわなくてはならないであろう。

生活困難の増大、貧困者の増大、福祉の切り捨てが進むという今日の情勢は、規制緩和と利潤追求のため低賃金労働力を求めてリストラを進め、失業を増大させるとともに、地域を見捨てて顧みない多国籍企業のグローバリゼーションによって生み出されているものである。医療・福祉における非営利・協同運動の背景には、それへの対抗のあることは明らかである。社会保障、社会福祉における政府の公的責任を迫るとともに、目の前の矛盾を放置することなく、協同の力でできる努力をする必要がある。両者が一体となって初めて問題の解決への道が開けてくるのである。高齢者福祉は伝統的な家族内での対応や慈善事業、政府や地方自治体の施策だけではもはやその解決の手に余るものとなっており、人々の協同が求められてきている。介護保険に対する取り組みの経験はそのことを示している。新しい平和・福祉の国づくりの展望も、全国各地域での社会保障推進協議会などの運動と非営利・協同の運動が合流するとき開けてくるものといえる。医療生協の組合員、医療法人の友の会会員とともに歩む「共同の営み」としての民医連医療、「民主的集団医療」はまさに非営利・協同の運動の実践そのものなのであり、医療・福祉はまさに今日的な階級闘争の主戦場の一つなのである。社保協運動の牽引車となりながら、経営的に厳しいといわれる福祉にあえて挑戦する民医連の非営利・協同の運動ほど、階級的な運動はないといってよいであろう。

　現代資本主義の営利追求の市場原理至上主義、規制緩和、グローバリゼーションに対するたたかいとともに、非営利・協同組織の持続的な発展のためには社会的に有効で、かつ民主的で効率的な組織を確立することが求められている。しかしながら、非営利・協同組織も営利企業との市場競争から自由ではありえないし、経営的には人件費コストの削減か利用者の負担か、という問題に直面することも起こりうる。アウトソーシング化やその切捨てが避けられなくなる場合もある。過去には「協同

組合の失敗」とか「ボランタリーの失敗」といわれるものが数多くあった。それと同じく今後、「非営利・協同の失敗」ということも十分に起こりうることを考えておくことが重要である。

●民主経営論と非営利・協同論

　ところで、私見に対する有田氏の批判についていうと、私見を、民主経営論を非営利・協同論で代位するものとし、それは「第一には、民主経営論の発展、到達を掘り崩す歴史性の喪失である。」、「第二には、戦後の民主経営論の学際的探求での主体性の喪失である。」、「第三には、民主経営の現実の運動にもとづかない実践性の喪失である。」ときめつけている。果たしてそうであろうか。民医連はこれまで自らを民主経営として自己認識してきていたといえるが、民主経営という概念については、その内容が必ずしも一義的に明確なものとはいえない。もともとそれは、戦後、民主運動のなかで自然発生的に使われるようになったものといえる。

　真田是・池上淳・山口正之・鈴木清覚『時代を切り拓く「民主経営」』（かもがわ出版、1992年）によると、民主経営には株式会社をも含め、協同組合、医療法人、学校法人、社会福祉法人、財団法人、社団法人など様々な経営形態のものがあるとされている。「民主経営は国民の運動の発展として、社会的な要請として、あるいは社会の法則的な発展として、必然的に生成し発展する」として「一般的な企業体や事業体であったものが、……民主化され、集団化されることによって民主経営に発展していく場合」も包含されている。したがって、そこでは法人形態よりも、経営の実体が重視されており、民主経営の4指標として①事業体の設立過程と資本構成における民主制（集団所有）、②目標と理念における民主性（＝非営利）、③経営・管理における民主性、④労使関係における民主性（労働組合の確立が前提）があげられている。こうした民主経

営においても現実の矛盾の発生は避けることができず、経営・管理の側における「賃金と労働条件の水準を不当に低く押さえようとする」傾向と、労働組合活動に現われてくる「経営・管理者は敵」とする「機械的な労働組合論」が問題とされている。すなわち、経営参加や協同を否定し、もっぱら「経営責任」を追及する傾向である。⁽⁶³⁾

　ここではかなり広い範囲のものを民主経営と呼んでいることがわかる。大企業に対する民主的規制と企業の民主化、経営の民主化を研究課題としてきた私は、これまでこうした広い範囲のものを民主的経営あるいは民主的企業と呼び、戦後運動のなかで使われるようになった⁽⁶⁴⁾「運動に役立つことを目的とした経営」としての狭義の民主経営とを区別し、「運動への奉仕性がその基本的性格」となっている後者には、「いわゆる」という意味を強調し「民主経営」と括弧をつけて使ってきている。民主的経営には民医連医療機関のほかに、広く各種の協同組合や中小企業家同友会に参加している様々な業種の4万社を数える中小会社、弁護士事務所、会計事務所、建築事務所などの専門職業組織が含まれると考えている。民主的な管理運営を原則としている非営利・協同組織は当然、民主的経営に属すものといえるが、民主的経営と呼ばれるもののなかには本来的な営利企業としての株式会社組織をとっているものもあり、その意味では非営利・協同組織よりも広い概念であるともいえる。真田ほか著での民主経営の概念は私のいう民主的経営の概念と等しいものといってよいであろう。

　私は経済民主主義について研究をするなかで、狭義の民主経営に関心を持ち、民医連医療機関についても初めは民主経営という視点から研究を進めていった。やがて民医連運動の実践を世界的なパースペクティブのなかに位置づけ、その国際的な意義を確認することが重要と考えるとともに、その研究を学問的地平に高めるためにも、民主経営という言葉よりも非営利・協同組織という概念を使って議論する方がより適切と考

えるようになったのである。このことから有田氏は私を、民主経営論を非営利・協同組織で代位するものというのであろう。しかし、民主経営という言葉の使用を否定し、非営利・協同組織という言葉で代位すべきだとは提案していない。民医連医療機関はまぎれもなく民主経営であるが、他面ではより広い世界の非営利・協同組織の一員であるというのが私の考えである。あれかこれかではなく、私は今日でもＴＰＯに応じて両者を使っている。

　一方、小野塚氏は「民主」や「民主的」という形容詞を左翼隠語として切って捨てているが、私は民主的経営のなかに民主経営をきちんと位置づけている。だが、民主経営という言葉はすでに述べたような運動のなかで使われてきたものであり、仲間内でしか通用しない特殊用語であることも事実なのである。いかにそれが大切なものであっても、学問的に認められた概念とはなっていないものなのである。私と有田氏とでは同じ民主経営という言葉を使っていても、その表象するものは大きく異なっているといえる。氏は自己の考えを基準に他を一方的に斬り捨てているが、こうした批判の仕方からは生産的なものは生まれてこないであろう。

●有田氏の民主経営論

　では氏の民主経営論とはどのようなものなのであろうか。その概念は果たして学問的検討に値するものなのであろうか。氏は民主経営の経済的な土台を民主的・集団的所有に求めているが、その本質はどのようなものと考えているのであろうか。有田氏の所論は、所有関係を重視し、そこからすべてを展開しているところに特徴がある。すなわち、民主経営は「社会的所有＝民主的・集団的所有」のもとに活動している。したがって、その「労使関係は、特殊なものである。」「民主経営内部に資本家はいないし、また、資本を代表して労働者に対立しているものも存在

しない。ここでの『剰余価値』は、不払い労働には違いないが、搾取の結果とは異質のものである。したがって、ここでの管理と労働の関係は、資本主義企業とは本質的に異なっている。」(66)とする。

氏は小松善雄氏の「協同組合の本質論争と現代協同組合論」から、協同組合は「形態としては社会資本である。しかし、本質的に内容・内実においては、生産者の共同所有・直接的な社会的所有、自主的共同管理とそれに根拠づけられた目的と経済諸機能をもっている。したがって、これは、資本主義のなかにおける社会主義的要素である」(67)という叙述を引用し、「この観点が重要である」とする。そして「資本主義のなかでの社会主義的要素には、労働者の搾取の条件は存在しないのである。」(68)としているが、どうであろうか。

氏はまた、芝田進午氏の次のような文章も引用し、これ以上に付け加えることはなにもないといっている。「協同組合労働は、『賃労働』の形態でおこなわれているとはいえ、自主的な雇用組織としての協同組合との関係では、原理的にみて、剰余価値法則によって搾取され、不払い労働をおこなわされているということはできない。というのは、協同組合労働者は、みずからの労働力を資本あるいは資本の機能を代行する国家、その他の機関と交換しているのではなく、協同組合と交換するのであり、剰余労働の成果の処理について発言し、それを共同占有できるからである。」(69)

私は、こうした認識に基づいて民医連医療機関の民主的集団所有を「社会的所有」、「社会主義的要素」とする有田氏の認識は、きわめて特異なものと考える。こうした理解は、所有・経営・労働を一体化した労働者協同組合については抽象的・一般的にはいえても、民医連の民主的集団所有の実体は先にみた通りのものなのであり、氏の考えているものとは大きく異なっているのである。国家独占資本主義の支配の下においては、労働者協同組合についても経済構造全体からの搾取の問題が問わ

れうるのであり、共同占有としての参加の内実が問われてくるのである。ましてや一般の協同組合においては、氏が表象しているような経営は現実にはどこにも存在しないものとしかいいようがないのである。[70]

氏の所論の混乱は、民主経営の概念を以上のようにきわめて狭くとらえているかと思うと、他方では民主的経営と同一視している点にみられる。たとえば、「資本の私的・資本家的な所有をもとしているかぎり、その企業はどこまでいっても民主（的）経営のワクをこえて民主経営に成長・転化することはありえません。」[71]と、民主的経営と民主経営との間に万里の長城を築いているかと思うと、両者を代替的に使っており、民主的経営と民主経営の間の区別と関連性が不明瞭なものとなっている。たとえば次のようにである。「おそらく、わが国でも21世紀もそう遠くない時代に、独占・大企業の民主的な規制がすすむと同時に、中小企業の全体としての民主的経営への転換がおこるでしょう。……株式会社から非営利・協同の経営・企業体への転換も大規模におこなわれるようになって、文字どおり、民主経営が林立する時代がくると思います。」[72]ここでは民主的経営と民主経営とを同義語のように使っている。氏にあっては民主的経営と民主経営には区別がないというのが正確であろう。だから「民主（的）経営」という表現を頻繁に使うのであろう。しかもそれが「社会的所有」「社会主義的要素」とされているのである。

私は、民主経営を民主的経営一般のなかでの先進的なものではあっても、代表というよりは、特殊なタイプに属するものと考えている。また非営利・協同組織と「階級性」とに関しては、資本主義社会の非営利・協同組織にはその階級構造を反映して、「階級性」の点で多様なものが存在しうるし、それは当然のことと考えている。民主経営としての民医連医療機関はいうならばそうしたなかでの最も労働者階級的な非営利・協同組織といえよう。

●民主経営における搾取論

　ところで有田氏の民主経営無搾取論の対極に立つと思われるのが、雑誌『経済』の座談会のなかで氏が唯一正しい立場としている鈴木　彰氏の所論である。それは簡単に縮めていうと、①協同組合の「資本性」から「最大限利潤の追求」を導き出し、②協同組合であっても「搾取と収奪を制限するものではありません」とし、③他方、「協同組合運動がその経済活動・事業活動によって労働者・勤労国民の生活をまもることのできる範囲は、資本主義のもとではきわめて限られている」[73]という3段論法で、非営利・協同の運動の消極的評価を導き出しているものである。これは一部にみられる非営利・協同運動万能論の裏返しで、労働運動と非営利・協同運動とを機械的に対立させる問題の多い運動論といえよう。鈴木・有田両説とも所有論から出発している点では共通しているが、帰結は正反対となっているところが特徴的である。私は労働運動に対しては、市場原理至上主義、営利追求至上主義に反対する戦線を拡大していくために、非営利・協同の運動と連帯することを期待しており、労働運動の一部にみられる非営利・協同運動に対する狭い見方には批判的であるが、ここではそれを論じるのが主題ではない。一方その反射的現象として非営利・協同の運動のなかに生まれてくる非営利・協同の一面的絶対化、政治運動や労働運動の役割の無視も問題とされなくてはならないであろう。

　私の見解は、労働者教育協会の勤労者通信大学が最近到達したという以下の見解とほぼ一致している。すなわち、その経済学教科書委員会は1998年5月28日付の「協同組合経営の労働者は搾取されているか？」という文書において、「『民主経営』という概念は極めてあいまいで科学的な概念とはいえません。」とするとともに、「協同組合では搾取は存在しないという主張は（以前の教科書の『理念的には存在しない』を含め

て）正しいとはいえず、協同組合経営の労働者といえども資本主義のもとでは『資本』によって搾取されている」と結論付けている。簡単な文書なので理論的な解明という点ではまだ十分とはいえないが、結論的には正しいものといえよう。しかも同文書は続けて「もしも仮に協同組合が全出資者＝全労働者であるとすれば、そこでの労働者が剰余労働を行っているとしても、そこでは搾取は存在しないといえるでしょう。」としており、マルクスの資本論における協同組合工場の規定にも目配りをしている点は評価される。しかし、「今日のわが国での現実の各種協同組合経営は全出資者＝全労働者の形態をとっておらず、そこで働く労働者は協同組合に雇われて働く労働者なのです。」としている点は、規模が小さいとはいえ、また雇用労働であろうとなかろうと、協同労働ないし自主管理労働へのアプローチを進めている組織が現に数多く存在している事実を無視しており、問題が残される。

　主観的、客観的の別はあっても、マルクスの理論的命題を指向しているものは、世界に数多く存在している。それらはいわば「未来を拓く変革の契機」としての「未発の契機」[74]に当たるものといえよう。民医連院所もその一つといってよいであろう。しかし、「未発の契機」であるがゆえに、100％完成したものはなく、その不完全性の度合いにより「搾取」問題も起こりうるが、搾取関係があるかないかということ、また所有関係が資本主義的であるかどうかは、「資本主義の枠内での民主的改革」が課題となっている現在の段階では主要な問題にはなりえないと考えている。今日の特徴は、資本主義的所有や搾取関係の廃止ではなく、独占、大企業の民主的規制と中小企業および非営利・協同組織の民主的発展が求められているのである。非営利・協同の運動も、資本主義の体制の下での運動であるから、そこには限界があるのは当然であり、無矛盾であるはずがない。しかし、そのことからその意義を否定することは、別の誤りにおちいることになるであろう。

有田氏についていうと、氏は自らの無搾取論は「理論的命題」であって、「現実的実態とは別次元の問題である。」としているが、現実的実態を無視した理論的命題は科学的とはいえないし、実践的にも役に立たないであろう。氏は民主経営を「資本主義企業とは本質的に異なっている。」とするが、この点が氏の愛してやまない労働運動の側からは階級性「脱却」の薦めであるとして、「悪魔のバイブル」と非難されるゆえんになっているのは皮肉なことである。私の立場はあえていうならば有田・鈴木両説を止揚する立場である。

(7) むすびにかえて

　21世紀社会が多元社会となるであろうこと、そこでは多元システムの構築が求められるであろうことは明らかである。そして、社会福祉論の世界で福祉ミックス論が提起され、福祉のベストミックスがいわれているが、公的福祉から市民福祉への転換、福祉国家から福祉社会への転換の一面的主張には、その善意にもかかわらずオプティミズムの含まれていることは明らかである。それは意図すると否とにかかわらず、医療・福祉への市場原理の導入を促進する結果となるであろう。これまでみてきたところからいえるのは、私が非営利・協同組織の役割を強調するのは、市場原理至上主義に対して対抗する公的セクターと非営利・協同セクターとのパートナーシップ構築の重要性を意味しこそすれ、公的セクターの役割を否定するものでは決してないのである。

　非営利・協同セクターないし非営利・協同組織については、その資本論、労働論、経営論などその探求が始まったばかりで、今後解明していく問題も多いが、私は本稿での分析が明らかにしてきたように、医療・福祉をめぐる対抗と非営利・協同の運動はまさに「階級闘争の一つの営み」であると考えている。医療・福祉と非営利・協同組織をめぐる問題は、わが国一国だけのものではなく、国際的な性格をもったものといえる。アメリカにおいてはＮＰＯとしての非営利病院の役割、ヨーロッパにおいては社会支援企業ともいうべき「新しい協同組合」の台頭が注目されている。新しい社会的ニーズに応える、こうした非営利・協同組織の役割は今日世界的なものとなってきており、現代に普遍性をもったも

のということができよう。1999年カナダで開かれた国際協同組合同盟（ＩＣＡ）の大会も、その21世紀戦略を健康とソーシャルケアに定めている。欧米における非営利・協同組織の分析については、次の課題としたい。

【注】
(1)富沢賢治『社会的経済セクターの分析』岩波書店、1999年、20ページ。
(2)ビクター・ペストフ「ポスト産業社会における消費者協同組合（生協）の将来性」川口清史・富沢賢治編『福祉社会と非営利・協同セクター』日本経済評論社、1999年、168ページ。
(3)富沢賢治「非営利・協同セクターとは何か」、川口清史「非営利・協同組織の日本的文脈からの定義と概念化」川口清史・富沢賢治編『福祉社会と非営利・協同セクター』日本経済評論社、1999年、17～42ページ。
(4)角瀬保雄「ＮＰＯと協同組合の接近」『仕事の発見』No.20、1997年3月。
(5)橘木俊昭『日本経済新聞』2000年2月15日付。
(6)二木　立『保健・医療・福祉複合体』医学書院、1998年、230ページ。
(7)丹羽幸一・杉浦啓太『病院沈没』宝島社、1999年、170～171ページ。
(8)『日本経済新聞』2000年2月17日付。
(9)角瀬保雄「規制緩和への視点」『月刊保団連』1998年3月号。
(10)『日本経済新聞』1999年8月15日付。
(11)丹羽幸一・杉浦啓太、前掲書、24ページ。
(12)M.フリードマン以来の医療・福祉における「競争的市場モデル」に対する批判としては、西岡幸泰氏がアメリカのA.レールマンの所説を批判的に検討・紹介しているが、さらに規制緩和推進論者の拠り所の一つとなっているものに企業立病院の存在がある。これは戦前、石炭産業や金属鉱山を経営する財閥企業や企業城下町を形成してきた製鉄・重化学工業企業が従業員の福利厚生・労務管理と地域社会の支配のために病院を設置したのに由来するもので、戦後財閥解体や医療制度改革にともない健保組合や自治体に移管するケースが多く、またその後の炭鉱閉山などにともない激減したが、93年現在、84病院、16,172病床が残っている。現存する企業立病院のうち37施設は大都市にあり、新日本製鉄、日本鋼管、三菱重工業、日立製作所、トヨタ自工などの直営となっている。現在、株式会社立病院には企業内福利厚生施設という「規制」がかけられているが、「一般患者の診療による収益を会社の事業収益に加え又は加えようとする意図がある場合」は別として、そうでない場合には一般住民が「希望によって」この病院を利用することは差し支えないとされており、企業立病院の大多数は「総合病院」の名称を取得している（西岡幸泰「医療・福祉分野における規制緩和と国民生活」角瀬保雄編著『「大競争時代」と規制緩和』新日本出版

社、1998年、312〜321ページ）。
(13)貴島幸彦「空洞化するか？介護『保険』制度」日本医療経済学会第4回研究例会報告、2000年2月27日。
(14)日本協同組合学会編集『協同組合研究』第18巻第3号、1999年3月、42ページ。
(15)鈴木勉『ノーマライゼイションの理論と政策』萌文社、1999年、187ページ。
(16)鈴木勉、前掲書、192ページ。
(17)『朝日新聞』夕刊、2000年3月3日付。
(18)こうしたなかで「社会福祉法人会計の在り方（基本方針）について」（1999年4月21日、社会福祉法人の経営に関する検討会）によれば、すでに社会福祉法人会計基準の研究が進んでいる（厚生省審議会議事録等ホームページ）。それによると、①法人全体での資産・負債等の状況把握を可能にするため、本部、施設会計の区分を撤廃、社会事業会計として統合し、施設ごとの経営状況は社会福祉事業会計の内部に経理区分を設ける、②建物等の資産価値を適切に評価・表示できるよう、減価償却制度を導入する、③適正なコスト管理、経営努力の成果を把握するため損益計算を導入する、④決算書の体系は財産目録、貸借対照表、資金収支計算書、経営成果収支計算書とされ、資金収支計算書と経営成果計算書は社会福祉事業会計全体の合算表と施設区分ごとの内訳表を添付することになるとされている。これは当面は、持分の禁止（解散時、寄付した者への返金を禁止）や資金を外部流出させないことで社会福祉法人の優遇措置を継続させ、やがては企業との対等な経営環境の共有や制度上の差をなくし、市場主義的競争原理が貫かれることになるものと考えられている（豊田八郎「市場福祉の流れと民主経営の役割」『福祉のひろば』総合社会福祉研究所編集・季刊第81号、2000年1月、73〜74ページ）。
(19)二木　立、前掲書、5ページ。
(20)西岡幸泰、前稿、前掲書、325ページ。
(21)西岡幸泰、前稿、前掲書、327ページ。
(22)佐口卓『医療の社会化第二版』勁草書房、1982年、23ページ。
(23)西岡幸泰、前稿、前掲書、312ページ。
(24)相沢興一「1930年代日本農村の医療利用組合運動と国民健康保険法の成立」九州大学『経済学研究』第59巻5、6合併号、1994年2月。
(25)高畑明尚「医療の非営利組織」富沢賢治・川口清史編『非営利・協同セクタ

(25)ーの理論と現実』日本経済評論社、1997年、370ページ。
(26)角瀬保雄・田中哲『ＪＡグループ〔農協〕』大月書店、1996年。
(27)東京都区職員労働組合・東京保健医療政策研究会『都立病院白書――安心して暮らせる新しい東京の医療――』1990年。
(28)『日本経済新聞』夕刊、1999年５月18日付。
(29)岩垂弘「『新しい協同』を探るNo.23」『生活協同組合研究』289号、2000年２月、65ページ。
(30)市川英彦・福永哲也・村田隆一『農協がおこす地域の福祉――「ＪＡ信州うえだ」の挑戦――』自治体研究社、1998年、三浦聡雄・増子忠道『東大闘争から地域医療へ』勁草書房、1995年。
(31)塚本一郎「福祉国家の変容と高齢者生協」『佐賀大学経済論集』第33巻第１号、2000年。
(32)『特定非営利活動法人に対する今後の検討課題に関する調査』参議院地方行政・警察委員会調査室、労働・社会政策委員会調査室、1999年11月。
(33)西岡幸泰、前稿、前掲書、328ページ。
(34)菅野正純「労働者協同組合法案の基本的考え方」『協同の発見』1997年５月。
(35)角瀬保雄「労協法第一次案を読んで」『協同の発見』1997年５月。
(36)高柳新「スペイン非営利協同の旅」石塚秀雄・坂根利幸監修『共生社会と協同労働』同時代社、2000年、12〜13ページ。
(37)藤原壮介「医療生協前史（戦前）をめぐるいくつかの問題」『立命館産業社会論集』第32巻１号、1966年６月。
(38)そのほか全国各地の民医連医療機関の歴史と歩みは様々で、詳しくは個々の史料や証言等に当たらなくてはならないが、いま筆者の手元にある近年のものだけでも、佐藤猛夫『運のいい男』（光陽出版社、1998）、増岡敏和『大島慶一郎医師風雪伝』（財団法人政治経済研究所、1998年）、稲垣元博『私のすたこら人生』学習の友社、1998年）、医療法人財団中野勤労者医療協会編『中野勤医協の50年』（1999年）、三浦聡雄・増子忠道『東大闘争から地域医療へ』（勁草書房、1995年）、牛山長重『みんなでつくったみんなの病院』（光陽出版、1998年）、大峰順二『四万十川の流れる街で――四万十川診療所訪問記――』（自治体研究社、1999年）、平野治和『原発銀座で輝け診療所』（かもがわ出版、1999年）、加藤昭治『私と医療生協』（自治体研究社、1999年）、高柳新・増子忠道『介護保険時代と非営利・協同』（同時代社、1999年）などがある。

⑶⑼高柳新、前稿、前掲書、17ページ。
⑷⑽阿部昭一『激動する情勢と民医連運動の課題』株式会社保健医療研究所、1995年、八田英之『民医連運動の展望』同時代社、1995年。
⑷⑴『民医連綱領・規約・歴史のはなし』1997年改訂版、106〜107ページ。
⑷⑵高柳新、前稿、前掲書、15ページ。
⑷⑶全日本民医連、Medi-Wing、1999年9月、臨時増刊、17ページ。
⑷⑷全日本民医連共同組織委員会『1998年度全日本民医連共同組織調査報告』2000年2月、3ページ。
⑷⑸八田英之『民医連運動の展望』同時代社、1995年、136ページ。
⑷⑹前掲調査報告、4ページ。
⑷⑺角瀬保雄「座長問題提起 協同組合民主主義をめぐる諸問題」『協同組合研究』第19巻第1号、1999年9月。
⑷⑻「協同」のための北海道集会実行委員会『協同でひらく地域づくり』1996年、159ページ。
⑷⑼前掲書、159ページ。
⑸⑽山田浄二「エロスキ」石塚秀雄・坂根利幸監修前掲書、13ページ。
⑸⑴日野秀逸『ヨーロッパ医療紀行』新日本医学出版社、1994年、34ページ。
⑸⑵萩下峰一「山梨勤労者医療協会の倒産をめぐって──公益法人の大型倒産──」『山梨学院大学商学論集』第7号、1984年11月。
⑸⑶第57回健和会臨時評議員会議案「健和会民医連的再建の取り組みの今日的課題」1999年9月25日。
⑸⑷池田信明「経営危機克服と医療経営構造の転換における医師集団の課題」『民医連医療』No.317、1998年12月。
⑸⑸儀我壯一郎「増岡敏和『大島慶一郎医師風雪伝』を読む」『しんぶん赤旗』1999年2月22日付。
⑸⑹有田光雄『非営利組織と民主経営』かもがわ出版、2000年、24〜25ページ。
⑸⑺有田光雄、前掲書、43ページ。
⑸⑻有田光雄、前掲書、26ページ。
⑸⑼有田光雄、前掲書、27ページ。
⑹⑽有田光雄、前掲書、37ページ。
⑹⑴有田光雄、前掲書、71ページ。
⑹⑵真田是・池上淳・山口正之・鈴木清覚『時代を切り拓く「民主経営」』かもが

わ出版、1992年、153～155ページ。
(63)真田ほか、前掲書、136ページ。
(64)角瀬保雄「民主的経営と職員の役割発揮」『生活協同組合研究』財団法人生協総合研究所、1995年3月号、67ページ、「民主的経営の地平」『非営利・協同の時代』協同総合研究所、1999年、138ページ。
(65)小野塚知二「生協における管理と民主主義」『労働運動をめぐる論点の現代的総括』協同組合総合研究所、ＣＲＩ研究報告書vol.21、1998年8月、3ページ。
(66)有田光雄、前掲書、40～41ページ。
(67)協同組合労働研究会編『コープ・ワーカーズ考』労働旬報社、1991年、171～172ページ。
(68)有田光雄、前掲書、141ページ。
(69)芝田進午編『協同組合で働くこと』労働旬報社、1987年、251ページ。
(70)なお、氏のいう「民主経営」における「社会的所有＝民主的集団所有」論に関しては、小栗崇資氏の「非営利・協同組織の資金調達と資本形成」角瀬保雄・川口清史編著『非営利・協同組織の経営』が有力な批判となろう。
(71)有田光雄『民主経営の管理と労働』同時代社、1996年、69ページ。
(72)有田光雄『非営利組織と民主経営』116～117ページ。
(73)鈴木　彰『協同組合運動の意義と役割』学習の友社、1992年。
(74)色川大吉『明治精神史（下）』講談社学術文庫、1976年、113ページ。
(75)有田光雄、前掲書、174ページ。
(76)真田　是「非営利・協同をめざす方針を考える」『民医連医療』1999年7月、12ページ。

後　記

　本書の第1部は、東京民医連（1999年2月27日）と医療法人東京勤労者医療会（1999年11月20日）で行った講演をもとに編集したものであり、第2部は法政大学『経営志林』（第37巻第1号、2000年4月）に掲載した論文を収録したものです。

角瀬保雄(かくらい・やすお)
1932年　東京に生まれる
1956年　早稲田大学第一商学部卒業
1964年　法政大学大学院社会科学研究科経済学専攻博士課程単位取得
1973年　法政大学経営学部教授、現在に至る。京都大学博士（経済学）

主要著作
『現代会計基準論』大月書店、1995年
『日本のビッグビジネス　ＪＡグループ[農協]』（共著）大月書店、1996年
『「大競争時代」と規制緩和』（編著）新日本出版社、1998年
『非営利・協同組織の経営』（共編著）ミネルヴァ書房、1999年

非営利・協同と民主的医療機関
2000年9月1日　初版第1刷発行

著　者	角瀬保雄
発行者	川上　徹
発行所	㈱同時代社
	〒101-0065　東京都千代田区西神田2-7-6　川合ビル3Ｆ
	電話03(3261)3149　FAX 03(3261)3237
印刷・製本	中央精版印刷㈱

ISBN4-88683-434-5